Los tribunos del pueblo
y los sindicatos

Los tribunos *del* pueblo *y los* sindicatos

CARLOS MARX

V.I. LENIN

LEÓN TROTSKY

FARRELL DOBBS

JACK BARNES

Pathfinder

NUEVA YORK LONDRES MONTREAL SYDNEY

Editado por Steve Clark

Texto en español a cargo de Martín Koppel

Copyright © 2019 por Pathfinder Press
Todos los derechos reservados
All rights reserved

ISBN 978-1-60488-106-6
Número de Control de la Biblioteca del Congreso
(Library of Congress Control Number) 2018960771

Impreso y hecho en Canadá
Manufactured in Canada

DISEÑO DE LA PORTADA: Toni Gorton

OBRA DE LA PORTADA: Patrick Heron, *Blue Painting: September 1961–September 1962*, 1962, óleo sobre lienzo, 121.9 x 182.9 cm. © The Estate of Patrick Heron. All rights reserved/Todos los derechos reservados, DACS/ARS 2019.

Pathfinder
www.pathfinderpress.com
E-mail: pathfinder@pathfinderpress.com

TABLA DE MATERIAS

Sobre los autores   9

Introducción
    Jack Barnes   13

PRIMERA PARTE
Los tribunos del pueblo
    V.I. Lenin   45

SEGUNDA PARTE
**Los sindicatos en la época de
la decadencia imperialista**
    León Trotsky

Prefacio
    Farrell Dobbs   51

Los sindicatos en la época
de la decadencia imperialista   57

Los sindicatos y los comités de fábrica   73

Discusión con un funcionario del CIO   81

Del control obrero a un gobierno
de trabajadores y agricultores   93

'La tarea es crear una guardia de defensa
en los sindicatos'   103

TERCERA PARTE
'En Minneapolis podemos comenzar a demostrárselo a todo el país'

Autodefensa obrera, no depender
del estado de los patrones
Farrell Dobbs   109

Un sindicato industrial de todos los choferes
Farrell Dobbs   123

'Valentía, disciplina y un plan de batalla'
Jack Barnes   129

CUARTA PARTE
Los sindicatos: su pasado, su presente y su futuro
Carlos Marx   153

Índice   158

SECCIÓN DE FOTOS DESPUÉS DE LA PÁGINA   41

OTRAS FOTOS E ILUSTRACIONES

Haciendo campaña en Pittsburg, California, 2011;
Baton Rouge, Louisiana, 2016   21

Huelgas de brazos caídos en Francia (1936)
y Estados Unidos (1937)   77

Frank Hague, alcalde de mentalidad fascista en Jersey City,
Nueva Jersey, 1938   111

William Dudley Pelley, jefe de Camisas Plateadas; George
Belden, jefe de grupo patronal; Guardia de Defensa
Sindical, Minnesota, 1938   116

Taxistas se suman a huelga de Teamsters, 1934; inspector de
la WPA acosa a dueño de camión, 1936   125

Marcha de mineros de Co-op en huelga, Utah, octubre 2004   131

Piquetes frente a mina Co-op, diciembre 2003   133

Camioneros batallan contra policía durante huelga de Teamsters, Minneapolis, mayo 1934	135
Arresto de Ray Dunne, dirigente de Teamsters, agosto 1934; comité auxiliar de mujeres en sede de la huelga	136
Farrell Dobbs, candidato presidencial del PST, Detroit, 1948; durante visita a Cuba, abril 1960	141
Ray Rainbolt, comandante en jefe de la Guardia de Defensa Sindical, Minneapolis, 1941	144
Campaña de sindicalización de obreros agrícolas, Watsonville, California, marzo, 2016	155

SOBRE LOS AUTORES

V.I. Lenin (1870–1924) fue el dirigente central del Partido Bolchevique, que dirigió a los trabajadores y campesinos a tomar el poder en octubre de 1917, en la primera revolución socialista del mundo. Fue presidente del gobierno revolucionario de trabajadores y campesinos en la Unión de Repúblicas Socialistas Soviéticas. Lenin fue el dirigente fundador de la Internacional Comunista, que buscaba forjar partidos proletarios a nivel mundial que pudieran emular lo que el pueblo trabajador en Rusia había logrado al conquistar el poder estatal.

En el último año de su vida política, Lenin dirigió la lucha en el seno del Partido Comunista de la Unión Soviética contra la trayectoria de las crecientes capas pequeñoburguesas y emergentes capas burguesas que José Stalin llegó a representar.

León Trotsky (1879–1940) formó parte de la dirección central forjada por V.I. Lenin que organizó la conquista revolucionaria del poder por los trabajadores y campesinos de Rusia en octubre de 1917. Trotsky comandó el Ejército Rojo, que derrotó a las tropas contrarrevolucionarias y a los invasores imperialistas durante la Guerra Civil de 1918-20. Uno de los dirigentes fundadores de la Internacional Comunista, lideró a los comunistas en la Unión Soviética y a nivel mundial que lucharon por mantener la trayectoria proletaria internacionalista de Lenin. Continuó esa lucha desde el exilio tras ser deportado en 1929 por la mayoría antileninista del gobierno soviético encabezada por José Stalin.

Junto con la dirección del Partido Socialista de los Trabajadores en Estados Unidos, Trotsky presentó el programa (a menudo llamado "el Programa de Transición") que había redactado para ser debatido y adoptado en 1938 por la conferencia fundadora del movimiento mundial que él dirigía. Trotsky fue asesinado en México por la policía secreta de Stalin.

Dobbs (izquierda) y Trotsky en México, enero 1940.

Farrell Dobbs (1907-1983), secretario nacional del Partido Socialista de los Trabajadores de 1953 a 1972, surgió de las filas del sindicato de camioneros Teamsters como uno de los dirigentes centrales de las batallas que transformaron el movimiento sindical durante la Gran Depresión. Fue dirigente de las huelgas de 1934 que convirtieron Minneapolis en baluarte sindical y de la campaña que incorporó a un cuarto de millón de camioneros de larga distancia a los Teamsters en la región central del país.

Durante la Segunda Guerra Mundial, él y otros dirigentes con perspectiva de lucha de clases, al organizar una oposición sindical a los objetivos bélicos de Washington, fueron encarcelados bajo cargos fabricados por los gobernantes imperialistas norteamericanos. En 1940 Dobbs renunció como organizador general en la sede nacional de los Teamsters para asumir la responsabilidad de secretario sindical del Partido Socialista de los Trabajadores. Fue candidato presidencial del PST cuatro veces.

Jack Barnes es secretario nacional del Partido Socialista de los Trabajadores. Ha sido miembro del Comité Nacional del partido desde 1963 y su secretario nacional desde 1972. Barnes pasó el verano de 1960 en Cuba, y a su regreso se incorporó al PST y a la Alianza de la Juventud Socialista, asumiendo la dirección central del trabajo del partido en el Comité Pro Trato Justo a Cuba. En 1965 se reunió dos veces con Malcolm X para una entrevista que se publicó en la revista *Young Socialist*.

ARTHUR HUGHES/MILITANTE

Barnes habla ante 400 personas en Conferencia de Trabajadores Activos en Oberlin, Ohio, junio de 2018.

Desde mediados de los 70, Barnes ha dirigido la trayectoria política del PST y sus partidos hermanos para forjar partidos comunistas cuyos miembros y dirigentes en su gran mayoría son trabajadores y sindicalistas que participan en actividades para impulsar la movilización de la clase trabajadora y sus aliados hacia la conquista revolucionaria del poder estatal.

SOBRE LOS AUTORES

Carlos Marx (1818–1883) fue el dirigente fundador, junto a Federico Engels, del movimiento obrero revolucionario moderno. Junto con Engels redactó el Manifiesto Comunista, programa de ese movimiento. Marx, uno de los fundadores de la Liga Comunista (1847–52), fue protagonista de la revolución de 1848–49 en Alemania y dirigente fundador del Consejo General de la Asociación Internacional de Trabajadores (1864–76), también llamada la Primera Internacional.  Los escritos de Marx y Engels han servido de fundamento político para las acciones de los revolucionarios proletarios en el mundo durante más de un siglo y medio.

En las últimas páginas de este libro se pueden encontrar libros con escritos y discursos de V.I. Lenin, Carlos Marx, León Trotsky, Farrell Dobbs, Jack Barnes y otros dirigentes obreros revolucionarios.

INTRODUCCIÓN

JACK BARNES

Los tribunos del pueblo y los sindicatos complementa el libro *El rostro cambiante de la política en Estados Unidos: La política obrera y los sindicatos*, y también *Malcolm X, la liberación de los negros y el camino al poder obrero*. Cada uno aborda, desde distintos ángulos, la movilización revolucionaria de la clase trabajadora y la construcción de un partido obrero. Los libros se refuerzan mutuamente.

Los autores del presente libro —Carlos Marx, V.I. Lenin, León Trotsky, Farrell Dobbs y Jack Barnes— se basan en generaciones de luchas revolucionarias del pueblo trabajador para explicar por qué el trabajo de fortalecer los sindicatos no solo es esencial para la unidad combativa y capacidad de impacto político de la clase trabajadora. También es fundamental para forjar un partido.

Sin embargo, la actividad de un partido proletario no comienza ni termina con los sindicatos. Comienza con esfuerzos para ampliar el alcance *político* del partido en todas direcciones: a ciudades, pueblos y fincas. Intercambiando ideas y compartiendo experiencias con todas las distintas capas de trabajadores, agricultores, pequeños productores y otras clases trabajadoras, sin distinción de sexo, color de la piel, idioma u origen nacional. Ampliando nuestros horizontes culturales y nuestro conocimiento de la historia y el mundo. Reconociendo que la conciencia de clase implica no solo la lucha entre el trabajo y el capital sino las relaciones entre todas las clases, el estado y el gobierno.

Estos escritos nos ayudan a entender que un partido revolucionario utiliza todo ejemplo de la opresión capitalista para aclarar cómo el pueblo trabajador puede sobreponerse a los intentos de los patrones y su sistema político de ahondar la competencia y las divisiones entre nosotros y así embolsarse miles de millones en ganancias. Muestran cómo podemos trabajar juntos en acciones políticas, protestas sociales y actividades de solidaridad a favor de nuestros intereses comunes de clase.

Ante todo, los autores explican por qué solo una victoriosa lucha revolucionaria de la clase trabajadora y sus aliados por el poder estatal puede "crear los cimientos para un mundo basado, no en la explotación, violencia, discriminación racial, jerarquías basadas en las clases sociales y la competencia a muerte" —como explica *Malcolm X, la liberación de los negros y el camino al poder obrero*— "sino en la solidaridad entre los trabajadores que fomente la creatividad y el reconocimiento del valor de cada individuo, sin importar su género, su origen nacional o el color de su piel. Un mundo socialista".

~

Para finales de los años 50 y principios de los 60, esa trayectoria política proletaria había empezado a atraer a una nueva generación de jóvenes de disposición revolucionaria. Fuimos reclutados al partido comunista en Estados Unidos, el Partido Socialista de los Trabajadores: un partido nacido hace 100 años durante el ascenso revolucionario que se propagó a nivel internacional tras la sangre y ruina de la Primera Guerra Mundial así como la Revolución Bolchevique en Rusia, la primera revolución socialista victoriosa en la historia. Un partido forjado en las grandes batallas proletarias de los años 30 y la dura prueba de una nueva matanza imperialista global, la Segunda Guerra Mundial. La nueva generación de la que formamos parte en Estados Unidos se estaba transformando políticamente bajo el impacto de nuestra participación en las luchas de masas que derrocaron el sistema de segregación racial *Jim Crow* en el Sur. Estas batallas asestaron el golpe más contundente al racismo y la discriminación desde el triunfo de la Unión en la Guerra Civil y la Reconstrucción Radical.

El reconocimiento por el primer ministro soviético Nikita Jruschov en 1956 de los crímenes del régimen de José Stalin, y luego, ese mismo año, los levantamientos populares con dirección obrera en Hungría y Polonia (ambos reprimidos brutalmente por Moscú bajo las órdenes de Jruschov), fueron para nosotros una afirmación de que se estaba rompiendo la influencia asfixiante, no solo de la socialdemocracia sino ahora también del estalinismo, en buena parte del movimiento obrero.

A principios de los años 60 la revolución socialista triunfó en Cuba bajo la dirección política de Fidel Castro y del Movimiento 26 de Julio, una intransigente dirección popular revolucionaria cuyas raíces estaban más allá del movimiento estalinista. Esta victoria, a solo 90 millas de las fronteras de Estados Unidos, nos convenció de que las luchas revolucionarias del pueblo trabajador y sus aliados no solo eran inevitables en Estados Unidos también, sino que se podían ganar.

Nuestra formación política práctica había comenzado cuando, junto a miembros mayores y experimentados del Partido Socialista de los Trabajadores, reivindicamos y participamos en estas y otras luchas en Estados Unidos y alrededor del mundo. Estas lecciones se profundizaron gracias a los libros que miembros del partido nos recomendaron para leer y estudiar: libros que nos ayudaron a adquirir una perspectiva histórica y ver nuestras acciones en el marco de la larga trayectoria de la clase trabajadora y sus aliados hacia su emancipación de todas las formas de explotación y opresión. Las lecciones se reforzaron cuando fuimos leyendo el *Militante*, semanario cuyo encabezado proclama orgullosamente ser "publicado en defensa de los intereses del pueblo trabajador". Aprendimos, en medio de nuestras actividades, gracias a largas horas de conversaciones con cuadros y dirigentes del partido que se habían templado al calor de décadas de experiencias en la lucha de clases y la política obrera.

Nos incorporamos al Partido Socialista de los Trabajadores porque nos convencimos de que estaba forjando el partido proletario necesario para dirigir una revolución socialista victoriosa en Estados Unidos. Sabíamos que el PST actuaba con el entendimiento —y la convicción— de que las crisis capitalistas que llevarán a oportunidades revolucionarias son inevitables. Estas crisis forman parte integral del funcionamiento del sistema capitalista de producción, crédito y comercio, inclusive sus "éxitos" cíclicos.

La participación del partido en Estados Unidos en las batallas por los derechos de los negros, el movimiento contra la guerra de Vietnam y el ascenso de las luchas por la emancipación de la mujer en los años 60 y 70 llevó a un mayor reclutamiento de jóvenes atraídos a las luchas de los trabajadores y repelidos por las traiciones de los maldirigentes estalinistas y socialdemócratas. Cuando el capitalismo entró en un período de estancamiento y crisis global a mediados de los años 70, los mineros del carbón, obreros del acero y otros sindicalistas aumentaron su resistencia a los ataques de los patrones y su gobierno contra los salarios de los trabajadores y nuestra propia vida e integridad física. El PST respondió llevando a cabo un viraje más amplio hacia la clase trabajadora industrial y los sindicatos industriales.

La abrumadora mayoría de los miembros y dirigentes del partido obtuvieron empleos en las industrias: automotriz, ferroviaria, petrolera, eléctrica, mecanometalúrgica, de la costura, empacadora de carne, del transporte aéreo, del acero y de la extracción de carbón. Junto con otros militantes obreros empezamos a llevar a cabo actividad política y sindical en el seno de la clase trabajadora. Al participar en actividades dentro y fuera del movimiento obrero, los miembros del PST buscamos enseñarnos a nosotros y a otros trabajadores a *pensar en términos sociales* y *actuar en términos políticos*, mientras trabajábamos a favor de *utilizar la fuerza sindical* para impulsar la *solidaridad*, para seguir un camino independiente de los patrones, de su estado y de sus partidos políticos.

El rostro cambiante de la política en Estados Unidos, publicado por primera vez en 1981, es la constancia política documentada de ese viraje. Contiene informes de la dirección aprobados en reuniones del Comité Nacional y congresos del PST. No es un manual de táctica. Ante todo, el libro sienta las bases políticas para que los trabajadores puedan comprender y tomar acción frente a la prolongada crisis capitalista que, en las primeras décadas del siglo 21, está socavando todo el orden mundial imperialista: desde Estados Unidos y otras partes de América hasta la Unión Europea —ya en proceso de resquebrajamiento— y desde las regiones asoladas por la guerra en el Medio Oriente y Asia Central hasta África, Asia y el Pacífico.

El descenso, hace más de cuatro décadas, de la curva del desarrollo capitalista marcó el fin de la expansión económica general que caracterizó la mayor parte del cuarto de siglo después de la Segunda Guerra Mundial.

"Superpuesta a este estancamiento económico", escribí en ese entonces, "está la creciente tendencia de que estallen crisis sociales y políticas, aun en los países capitalistas más estables, lo cual amenaza con provocar una crisis del conjunto de las relaciones sociales capitalistas".

～

La trayectoria política que se describe en *Los tribunos del pueblo y los sindicatos* nos fue confirmada por las experiencias en una lucha de empleados públicos y sus sindicatos en el estado de Wisconsin a principios de 2011. A mediados de febrero, trabajadores de todas partes del Medio Oeste y otras regiones empezaron a viajar semana tras semana a Madison, la capital estatal, para solidarizarse con los trabajadores que ahí estaban resistiendo una ley antisindical promovida por el gobernador Scott Walker y los patrones. El proyecto de ley pretendía restringir el derecho de los trabajadores a la negociación colectiva, reducir los beneficios médicos y pensiones y exigir que los sindicatos de empleados públicos se sometieran a elecciones anuales para recertificarlos como representantes de los trabajadores.

Al principio, decenas de miles de trabajadores y partidarios de Wisconsin, Illinois, Indiana, Iowa, Minnesota, Nebraska y otros estados habían concurrido a las manifestaciones contra estas propuestas. Pero para la cúpula de los sindicatos de empleados públicos, el objetivo de estas protestas desde el inicio había sido, ante todo, ayudar al Partido Demócrata a recuperar la gobernación de Wisconsin y el control de la legislatura estatal. Querían recabar apoyo para un referendo en 2012 a favor de destituir al gobernador Walker y ganar una mayoría para el otro partido de los patrones —los demócratas— en la legislatura estatal.

A mediados de marzo, cuando 14 senadores estatales demócratas regresaron a Wisconsin desde Illinois, donde se habían "escondido" públicamente por tres semanas en hoteles —supuestamente para impedir, por falta de quórum, que la legislatura estatal aprobara el proyecto de ley de Walker— la cúpula sindical y los liberales los proclamaron "héroes" y "los 14 Fabulosos" (*Fab Fourteen*). Los senadores anunciaron que ahora la tarea era "llevar esta lucha a las urnas en 2012".

Esta perspectiva electoralista fue el estandarte que les impusieron a las marchas al capitolio estatal —más y más pequeñas— que se celebraron un fin de semana tras otro. La ley antisindical fue aprobada y firmada por el gobernador Walker en marzo. El intento de destituir al gobernador en 2012 no solo fue derrotado sino que Walker fue reelecto dos años más tarde; al final un candidato demócrata lo derrotó por un estrecho margen en noviembre de 2018.

El resultado final de esta perspectiva colaboracionista de clase fue que la membresía de los sindicatos de empleados públicos bajó en casi el 65 por ciento entre 2011 y la fecha actual.

A principios de 2011, miembros del Partido Socialista de los Trabajadores, jóvenes socialistas, agricultores solidarios, compañeros de trabajo y lectores del *Militante*, provenientes del Medio Oeste y otras regiones, se sumaron a otros trabajadores en las protestas de Madison durante varias semanas. Pero en abril la dirección del PST llegó a la conclusión de que, simplemente al seguir haciendo esto, el partido en la práctica comenzaba a adaptarse a la perspectiva de los funcionarios sindicales: una perspectiva que sacrificaba la posibilidad de ampliar y profundizar la lucha a cambio de fomentar sus propias metas electorales. De igual modo, quisiéramos o no, nos estábamos adaptando a los radicales de clase media que inundaban Madison y estaban más que dispuestos a seguir a la zaga de esta cruzada del Partido Demócrata.

Más importante aún, habíamos desviado nuestra atención de donde debíamos estar enfocados: *enfocados políti-*

camente. No era principalmente Madison, capital de Wisconsin, el mayor centro universitario y la segunda ciudad del estado. Necesitábamos dirigir nuestra atención hacia quienes la candidata presidencial demócrata en 2016 descartó como un "montón de deplorables": hacia las pequeñas ciudades, pueblos y zonas rurales por todo el estado, cuyos trabajadores, agricultores, dueños-choferes, enfermeros, maestros, trabajadores de la salud, trabajadores independientes de oficios, pequeños tenderos y otros son explotados por el capital. Ellos y sus familias son la gran mayoría de la población en Wisconsin. Esas son también las zonas donde se realiza un porcentaje muy grande de la producción —de la explotación del trabajo— no solo en Wisconsin sino en todos los estados del país.

Armados con libros, el *Militante*, nuestros años de experiencia y la confianza política en las campañas electorales comunistas que estábamos llevando a cabo por todo el país, miembros del partido, partidarios y jóvenes socialistas nos desplegamos por todo Wisconsin. Nos paramos en porches y tocamos las puertas de trabajadores en ciudades como Janesville, Eau Claire, Kenosha, Waukesha y Green Bay para hablar sobre la política norteamericana y mundial, sobre el programa obrero del partido y sobre todo de cómo podemos transformarnos en el transcurso de luchas intransigentes.

Intercambiamos con trabajadores, agricultores y otra gente trabajadora en Richland Center, Spring Green, Stoughton, Rice Lake, Marshfield y muchos otros pueblos y zonas rurales aledañas. No hablamos de qué candidatos apoyar entre los demócratas y republicanos para las elecciones del año siguiente. Hablamos de lo que *ellos mismos* podían *hacer* —lo que todos podíamos hacer *juntos*— en esos momentos.

Ese cambio marcado que se hizo a principios de 2011, que los miembros del Partido Socialista de los Trabajado-

"Al ahondarse la crisis del capitalismo, el Partido Socialista de los Trabajadores dirigió su atención a las ciudades, pueblos y zonas rurales donde trabajadores, agricultores, dueños-choferes y tenderos son explotados por el capital".—*Jack Barnes*

CAROLE LESNICK/MILITANTE

JANICE LYNN/MILITANTE

Arriba: Tim Cameron, obrero de la construcción, conversa con Paul Mailhot del PST, en su casa en Pittsburg, California, agosto 2011.

Abajo: Baton Rouge, Louisiana, julio 2016. Abdullah Muflahi, dueño del Triple S Food Mart, explica a Osborne Hart, candidato vicepresidencial del PST, cómo la policía mató a tiros a Alton Sterling, vendedor ambulante de CDs, frente a su tienda dos días antes. La policía después arrestó a Muflahi, confiscó el sistema de video de la tienda y se llevó el teléfono celular con que él había grabado el asesinato.

res empezaron a denominar "el viraje de Wisconsin", ha sido desde entonces el fundamento de las actividades de propaganda del partido, semana tras semana, en todo Estados Unidos. Los trabajadores socialistas así hacen campaña política de forma indiferenciada entre trabajadores que son asiáticos, latinos, caucásicos y negros; hombres y mujeres, nacidos en el exterior y en Estados Unidos; empleados y desempleados.

Los buenos *mapas de ruta*, y no los GPS o los horarios de trenes o autobuses, son la guía irremplazable para llegar a las puertas y los porches, sin ideas preconcebidas —o prejuicios— respecto a una u otra parte de la región. Nos subimos al auto y seguimos el camino, yendo de pueblo a ciudad a finca. Los trabajadores que conocemos en los umbrales de casas y otros sitios nos dan más sugerencias de dónde ir, como nuestros vecinos y compañero de trabajo, cuando les decimos hacia dónde vamos y qué estamos haciendo.

~

En las últimas décadas, las condiciones de vida y de trabajo para la gran mayoría de los trabajadores y sus familias han decaído severamente bajo gobiernos tanto demócratas como republicanos. Desde la crisis financiera mundial que estalló en 2007–2008, esa caída se ha acelerado y su costo humano se ha ido diferenciando más y más entre las distintas capas del pueblo trabajador.

La clase patronal empeora la salud y seguridad en el trabajo, al tiempo que hace más peligrosos y poco confiables los productos y servicios que nosotros producimos con nuestra mano de obra. Todos sabemos de los desastres aéreos, los descarrilamientos de trenes, las intoxicaciones alimentarias masivas y la destrucción de la tierra, del aire y de las aguas.

El pueblo trabajador sufre una proliferación de adicción a drogas opiáceas y a la heroína, de quiebras y ejecuciones hipotecarias de fincas, de empleos temporales y la reducción de los salarios reales. Ahora van aumentando las tasas de suicidio entre veteranos de guerra, agricultores, choferes de taxi y otros que están aplastados por deudas, muchos de ellos en la flor de la vida. Un indicador indiscutible de la mortífera crisis social que enfrenta el pueblo trabajador: la expectativa de vida en Estados Unidos ha bajado durante tres años consecutivos desde 2015.

Un número cada vez mayor de trabajadores jóvenes no ganan lo suficiente —aún cuando tienen dos empleos o más— para irse de casa de sus padres, encontrar una casa o apartamento asequible, casarse y formar una familia. Según la Oficina del Censo de Estados Unidos, la tercera parte de los trabajadores entre 18 y 35 años de edad vive con sus padres, un aumento de más del 30 por ciento desde 2005.

Los trabajadores y agricultores menores de 30 años no han conocido más que tiempos en que muchos de ellos son molidos periódicamente como carne de cañón para los guerreristas en Washington: dos veces por períodos prolongados en Iraq desde 1991, en Afganistán por casi 20 años, y también en Siria, Libia, Níger y Yemen. Las familias de la clase dominante nos envían a *nosotros* y a *nuestros* hijos e hijas a matar a otros trabajadores y a ser matados, a mutilar y ser mutilados de por vida, a fin de defender *sus* intereses de clase, garantizarles los recursos naturales que *ellos* ambicionan y aumentar al máximo *sus* ganancias. Siempre en nombre de preservar un ilusorio "orden mundial liberal" y una "paz" duradera.

Estas son las condiciones y las historias con que los trabajadores socialistas nos topamos, semana tras semana, cuando vamos de pueblo en pueblo, así como en nuestros trabajos en industrias, en el transporte, en cadenas de tiendas y otros centros de trabajo.

Invitamos a los que conocemos a que nos acompañen, junto con sus compañeros de trabajo y familiares, para solidarizarnos con trabajadores en líneas de piquetes. Les instamos a que participen con nosotros en eventos políticos y protestas sociales: actividades que promueven la lucha contra la discriminación racial, que exigen el enjuiciamiento de policías culpables de agresiones y muertes, que defienden clínicas con servicios de planificación familiar para las mujeres, incluido el derecho a un aborto seguro. Actividades a favor de la restitución del derecho al voto de todos los que han cumplido condenas de cárcel, y que reclaman la amnistía universal para los inmigrantes, una demanda fundamental en la lucha por unificar y fortalecer a toda la clase trabajadora y el movimiento sindical. Instamos a todos a que juntos apoyemos a los candidatos del Partido Socialista de los Trabajadores por todo el país.

Como parte de esta sistemática actividad semanal, los trabajadores socialistas y sus partidarios hablan con otros trabajadores sobre libros de dirigentes del PST y otros dirigentes revolucionarios. De maneras que ningún periódico o artículo por sí solo puede lograr, los libros —como los tres en los que nos enfocamos en esta introducción, y muchos otros— ofrecen explicaciones que los trabajadores y agricultores pueden leer, estudiar, compartir con otros y repasar una y otra vez, a medida que nuestras experiencias nos permiten leerlos con una mejor comprensión. Nos ubican en la *historia*, en la línea de marcha del pueblo trabajador a nivel global.

Los libros explican —con más profundidad de lo que puede un artículo de periódico— por qué el dominio de las familias capitalistas y su brutal sistema de ganancias es la raíz de los problemas que enfrenta el pueblo trabajador. Explican cómo las diferentes capas de la población trabajadora son explotadas por la esclavitud asalariada y por la carga agobiante de la esclavitud de deudas. Por qué los gobernantes capitalistas y las clases medias altas y profesionales que sirven sus intereses consideran "deplorables" a todos los trabajadores: tanto los de aquí en Estados Unidos como nuestros hermanos y hermanas "chalecos amarillos" en Francia, los intransigentes "brexiteros" en el Reino Unido y trabajadores en otras partes de Europa y del mundo.

～

"Los tribunos del pueblo" —las primeras palabras del título de este nuevo libro— fue tomado de ¿*Qué hacer?*, el folleto de V.I. Lenin publicado en 1902, una de cuyas secciones da inicio a este libro. El deber de todo miembro del partido, dijo Lenin, es actuar como un "tribuno del pueblo capaz de reaccionar ante toda manifestación de tiranía y opresión, donde sea que ocurra".

Lenin fue el dirigente central del partido bolchevique, que en octubre de 1917 dirigió a los trabajadores, campesinos, soldados y marineros a la victoria en la primera revolución socialista de la historia. Derrocaron el dominio de los explotadores capitalistas, terratenientes y guerreristas en la Rusia zarista, que aún mantenía vestigios de feudalismo, y llevaron al poder a los consejos de masas —*soviets* en el idioma ruso— de representantes electos de las clases trabajadoras que hicieron la revolución.

Lenin dijo que un miembro disciplinado del partido debe ser ante todo un "dirigente político", no un "secretario sindical". Al decir esto Lenin no estaba denigrando los sindicatos ni la actividad sindical. Al contrario, Lenin dice que un secretario sindical "siempre ayuda a los trabajadores a llevar a cabo la lucha económica" contra los empleadores y el gobierno; "los ayuda a denunciar los abusos en las fábricas, explica la injusticia de las leyes y medidas que restringen la libertad de salir en huelga y organizar piquetes (para advertir a todos que en una fábrica hay una huelga), explica la parcialidad de los jueces de cortes de arbitraje que pertenecen a las clases burguesas, y así sucesivamente".

Los trabajadores con conciencia de clase que son miembros de sindicatos hacen ese tipo de cosas y mucho más en el conflicto que se va desarrollando entre el trabajo y el capital. Sin embargo, para los trabajadores-bolcheviques, dijo Lenin, esta "lucha económica" siempre es parte de la construcción de un puente necesario con la lucha política "por la emancipación del proletariado".

A mediados de 1917, unos meses antes de la Revolución de Octubre, León Trotsky se había convencido de la perspectiva de los bolcheviques; lo habían convencido Lenin y sus propias experiencias revolucionarias en Rusia y otros países. Bajo la dirección política de Lenin, Trotsky asumió un nivel de responsabilidad solo superado por Lenin en la organización de la insurrección y la defensa de la joven república soviética, así como en la fundación de un movimiento mundial de partidos proletarios revolucionarios en marzo de 1919, que pronto se conoció en todo el mundo como la Internacional Comunista.

Los trabajadores de disposición revolucionaria en Estados Unidos, al igual que en otras partes del mundo, se vieron inspirados por la Revolución Bolchevique y trataron de emular lo que los trabajadores y los productores rurales explotados del imperio ruso habían logrado al establecer su propio estado obrero. En agosto de 1919 —estimulados por la creación a principios de ese año de un movimiento mundial cuyo objetivo era la revolución socialista— ellos fundaron el primer partido comunista en Estados Unidos.

Este año, 2019, se celebra el centenario del nacimiento de esa organización, que hoy día se llama el Partido Socialista de los Trabajadores.

~

Farrell Dobbs fue uno de los principales dirigentes de las huelgas y campañas de sindicalización de los Teamsters en los años 30, que dieron un gran impulso al movimiento sindical industrial en Estados Unidos. De 1940 a 1952 fue secretario del trabajo sindical y secretario de organización del PST, excepto 13 meses en 1944 y principios de 1945, cuando él y otros dirigentes del PST y de los Teamsters fueron encarcelados bajo cargos amañados federales por organizar oposición en los sindicatos y más ampliamente en la clase trabajadora al ingreso de Washington en la Segunda Guerra Mundial. Fue secretario nacional del partido de 1953 a 1972, cuando yo le seguí al asumir esa responsabilidad.

La segunda parte del libro comienza con el prefacio de Farrell, escrito en 1969, a una selección de escritos de Trotsky sobre los sindicatos que aparece en esa sección. "Siendo marxista, León Trotsky sin duda estaba profundamente interesado en todos los problemas relativos a la movilización revolucionaria de la clase trabajadora", escribió Farrell, "Él seguía con interés los cambios en los sindicatos de diversos países y los problemas de estrategia y tácticas que estos cambios les planteaban a los revolucionarios".

Esta observación de Farrell es importante. Trotsky "seguía con interés" los problemas estratégicos y tácticos en los sindicatos porque estaba "profundamente interesado en todos los problemas relativos a la movilización revolucionaria de la clase trabajadora".

Mi introducción en 2003 al libro *Rebelión Teamster*, traducción al español del primero de cuatro tomos sobre las batallas sindicales que Farrell ayudó a dirigir en los años 30, desarrolla esta guía para la acción obrera revolucionaria y los sindicatos. Se reproduce en la tercera parte de este libro, junto con selecciones de dos de esos tomos.

Por su propia experiencia, Farrell Dobbs sabía que cualquier movilización revolucionaria de la clase trabajadora depende de "dirigir a números crecientes de trabajadores, tanto empleados como desempleados, y de sus aliados —agricultores, pequeños productores devastados— hacia la independencia política frente a la clase dominante". Ninguna organización obrera podrá prevalecer frente a la clase patronal y su poder estatal si depende de la movilización de trabajadores asalariados solamente en los grandes centros metropolitanos de Estados Unidos.

No obstante, si tienen un liderazgo de alta calidad con perspectiva de lucha de clases, un liderazgo proletario que piensa en términos sociales y actúa en términos políticos, los sindicatos pueden llegar a los trabajadores y sus aliados en pueblos y ciudades pequeñas, y organizarlos: mujeres y hombres, trabajadores de todos los colores de piel, nacionalidades, lenguas maternas, estatus migratorios y religiones. Pequeños agricultores. Trabajadores agrícolas. Los desempleados. Plomeros, electricistas, mecánicos y otros trabajadores de oficios especializados. Dueños de pequeñas tiendas. Trabajadores independientes que son propietarios de sus propias herramientas, incluso herramientas muy grandes como un camión remolque (tráiler), un barco de pesca, un taxi o un SUV (propiedad casi siempre "compartida" con los bancos, a los cuales les pagan intereses y esperan pagar el principal de la deuda).

Esta postura de abordar a otros explotados y oprimidos como *compañeros de clase* —sin importar lo que diga el gobierno patronal sobre sus "papeles"— fue una lección fundamental de las batallas de los Teamsters en los 30, lección que se hace aún más necesaria con cada década que pasa. Es la vía para atraer a jóvenes, artistas, músicos y otros al bando de la clase trabajadora: una vía para que ellos mismos obtengan empleos industriales y formen parte del movimiento sindical.

Como señala Farrell en un pasaje de *Rebelión Teamster* que se incluye aquí, la cúpula sindical considera a la mayoría de las filas de los trabajadores, y a la gran mayoría de los trabajadores que no están en los sindicatos, como "basura", que hoy día los dirigentes del Partido Demócrata desdeñosamente llaman "deplorables". En cambio, los trabajadores revolucionarios luchan por captar a nuestros hermanos productores para el lado de la clase trabajadora y organizarlos como parte integral del movimiento obrero: un movimiento que sea *independiente* de los patrones y banqueros y de su estado y sus partidos políticos. Ese es un requisito para todo avance hacia "la movilización revolucionaria de la clase trabajadora" de la que habla Farrell.

De lo contrario, a medida que se profundice la crisis capitalista y crezcan las derrotas, sectores del pueblo trabajador y de las clases medias más golpeadas se verán atraídas a la demagogia racista, antiinmigrante y antisemita de la ultraderecha, o a las provocaciones divisivas y mortíferas de la izquierda anarquista. En ambos casos, las clases propietarias recibirán ayuda para sus intentos de salvar su dominio político inhumano y motivado por el lucro.

Farrell Dobbs explicó que todos los objetivos y logros en las batallas de los Teamsters ayudaron a que la clase trabajadora avanzara hacia una lucha por el poder político. Él sabía mejor que nadie, como dice la introducción de *Rebelión Teamster*, que "lo que él estaba logrando era posible únicamente porque formaba parte de los cuadros de la amplia dirección del partido comunista fundado en 1919 para hacer en Estados Unidos lo que los bolcheviques acababan de hacer en Rusia, el partido que en 1938 adoptó el nombre Partido Socialista de los Trabajadores".

~

La última parte de este libro es "Los sindicatos: su pasado, su presente y su futuro" por Carlos Marx, el dirigente central del primer movimiento obrero comunista internacional en la historia. Junto con Federico Engels, Marx redactó en 1847 el programa de esa organización, ahora conocido como el Manifiesto Comunista. Las únicas dos cosas que distinguen a los comunistas de otras corrientes políticas en la clase trabajadora, escribieron Marx y Engels, son:

1. En las diferentes luchas nacionales de los proletarios, destacan y hacen valer los intereses comunes a todo el proletariado, independientemente de la nacionalidad.

2. En las diferentes fases de desarrollo por las que pasa la lucha entre el proletariado y la burguesía, representan siempre los intereses del movimiento en su conjunto.

"Los sindicatos: su pasado, su presente y su futuro", escrito por Marx unas dos décadas después, se mantuvo fiel al Manifiesto Comunista en todos los aspectos y guía la actividad de los trabajadores comunistas en los sindicatos hasta el día de hoy.

Para convertirse en "centros organizadores de la clase trabajadora con el amplio objetivo de su *emancipación completa*", dijo Marx, los sindicatos deben "incorporar a sus filas a los trabajadores no sindicalizados. Deben velar atentamente por los intereses de los trabajadores en los oficios peor pagados, como los obreros agrícolas, quienes han quedado impotentes debido a circunstancias excepcionales". Sobre todo, "Deben convencer al mundo general de que no luchan por intereses estrechos y egoístas, sino que buscan la emancipación de los millones de oprimidos".

Esa resolución fue debatida y aprobada por la Asociación Internacional de Trabajadores, que desde su fundación en 1864 había hecho campaña incondicionalmente a favor de una victoria de la Unión en la guerra revolucionaria contra la esclavitud que aún se estaba librando en Estados Unidos. La Primera Internacional, como se llegó a conocer, fue prácticamente la única organización de cualquier tipo en ese entonces que admitió a las mujeres a sus filas. Declaró en sus reglas fundacionales, también redactadas por Marx, que sus miembros se comprometían a actuar "entre sí, y hacia todos los hombres, sin distinción de color, credo o nacionalidad".

~

El artículo de Trotsky "Los sindicatos en la época de la decadencia imperialista" aparece en la segunda parte. Se encontró inconcluso en el escritorio de Trotsky después de que fue asesinado en agosto de 1940 por agentes del régimen contrarrevolucionario de José Stalin. Empezando a finales de los años 20, una emergente capa social privilegiada en la Unión Soviética representada por Stalin —bajo la reaccionaria bandera nacionalista rusa de construir el "socialismo en un solo país"— había llevado a cabo una contrarrevolución política contra la trayectoria internacionalista proletaria de Lenin y contra los partidarios de esa trayectoria en el movimiento comunista mundial.

La independencia obrera frente al estado capitalista, escribió Trotsky en el artículo de 1940, no se puede lograr sin "una lucha destinada a convertir los sindicatos en órganos de las amplias masas explotadas y no de la aristocracia obrera".

Hoy día el movimiento sindical en Estados Unidos está administrado mayormente por una cúpula autocomplaciente que actúa a favor de una pequeña minoría de trabajadores sindicalizados más acomodados. En vez de movilizar a las filas para organizar a los no sindicalizados, los jefes sindicales orquestan "fusiones" con funcionarios de mentalidad afín para aumentar al máximo el ingreso de su "base de cuotas" cada vez más reducida. En tanto se les imponga a los sindicatos este curso de colaboracionismo de clases, el movimiento obrero permanecerá subordinado al estado burgués y a sus partidos políticos, y los trabajadores se verán maniatados ante la necesidad de usar *efectivamente* la fuerza sindical para defender *nuestros* intereses de clase.

La independencia de clase es imposible con una cúpula dirigida por hombres y mujeres que aspiran al estilo de vida, comodidades y valores morales de las capas medias altas que creen que su "inteligencia superior" y su estatus social les da el derecho de "regular" la vida del resto de nosotros. Esta llamada meritocracia domina la opinión política liberal en Estados Unidos mediante la prensa, las profesiones, los cargos públicos, la educación superior, las "organizaciones sin fines de lucro" y otras entidades que conforman una red de instituciones necesarias para el dominio capitalista.

En la sociedad capitalista, a los trabajadores frecuentemente se nos dice que si queremos "salir adelante", debemos trabajar duro para nuestro patrón (o para "nosotros mismos"), hacer lo que nos dicen y relacionarnos con "una mejor clase de personas". Lo que quieren decir con esto los gobernantes capitalistas y sus apologistas —ya sea en las escuelas, los medios de comunicación, las fundaciones, los "tanques pensantes", diversas jerarquías religiosas u otras instituciones— es que los trabajadores debemos pensar solo en nosotros y descartar toda idea de organizarnos junto con otros para ascender *con nuestra clase*. Más bien, según ellos, nuestro objetivo debe ser —como lo demuestran las capas medias altas y profesionales con su propio ejemplo— ascender *para salir de nuestra clase*: un destino que se ofrece a los "más capaces" de nosotros.

Los trabajadores con conciencia de clase nos guiamos por una brújula moral y política distinta. Estamos convencidos de que el pueblo trabajador en su gran mayoría *es* la mejor clase de personas. Es así, ya sea que nos desprecien como "basura de casas rodantes" o nos consideren inferiores por nuestra tez negra o morena o amarilla, o porque trabajemos en una finca, o vivamos en un pueblo pequeño o una región industrial muy golpeada, o tengamos una familia grande, o una familia que no hable inglés como primer idioma, o tengamos creencias o identificaciones religiosas que no son compartidas por la mayoría, o lo que sea.

Esta mejor clase de personas se encuentra de ambos lados de la caja registradora y por los pasillos de tiendas como Walmart, el mayor empleador privado en Estados Unidos. Nos encontramos en paradas de camiones, estaciones de trenes y buses, granjas lecheras, fábricas, obras de construcción, almacenes, hospitales y clínicas, minas, escuelas, naranjales y campos de lechuga, entre taxistas y otros choferes, y en muchos otros centros laborales de todo tipo que ni se imaginan los que nos desprecian. El desdén hacia las clases trabajadoras a veces hasta proviene de capas más acomodadas de trabajadores, que a menudo trabajan en complejos que la "industria" tecnológica denomina pretenciosamente "campus".

Después de las derrotas del Partido Demócrata en las elecciones presidenciales de noviembre de 2016, Barack Obama se lamentó con algunos miembros de su personal en la Casa Blanca: "Quizás empujamos demasiado. Quizás la gente simplemente quiere refugiarse en su propia tribu", Obama suspiró con una arrogancia empapada en desprecio de clase. "A veces me pregunto si llegué 10 o 20 años antes de tiempo".

¡Imagínese cargando la pesada cruz de haber llegado "antes de tiempo" para la chusma! Tampoco Hillary Clinton ha bajado el volumen de sus invectivas antiobreras. Aludiendo a los llamados estados rojos donde perdió la votación en 2016, Clinton dijo: "Lo que el mapa no muestra es que gané en los lugares que representan dos tercios del producto interno bruto de Estados Unidos. Gané en los lugares que son optimistas, diversos, dinámicos, que están progresando". En ese mismo discurso, también descartó a las "mujeres blancas casadas" de las regiones más "retrógradas", alegando que son demasiado débiles para resistir la "presión de votar como te dice tu esposo, tu jefe, tu hijo".

¿Qué motiva estos comentarios despectivos de Obama, Clinton y otros de su entorno social privilegiado? Es la esperanza que tienen —mientras edulcoran sus verdaderos sentimientos— de hallar maneras de privar del derecho de votar a un mayor número de trabajadores, quienes a su juicio no están calificados para tener una voz decisiva en la toma de decisiones "importantes" del gobierno, o incluso para reconocer qué es lo mejor para nuestros propios intereses.

Los intentos de privación del derecho al voto no están limitados a los esfuerzos —apoyados principalmente por sectores del Partido Republicano— de imponer una tarjeta de identificación de votante, negarle el voto a los ex reos y crear otras formas de restringir ese derecho. Muchos liberales del Partido Demócrata buscan trasladar la toma de decisiones a las manos "más competentes" de agencias estatales "reguladoras" y de jueces nombrados. Entran en pánico por los nombramientos a la Corte Suprema y otras magistraturas federales, ya que confían en jueces no electos en lugar de los organismos legislativos electos para decidir políticas que estén en sintonía con sus propios criterios.

Algunos incluso lanzan globos de prueba sobre posibles "mejoras" a las protecciones que ofrece la Constitución burguesa de Estados Unidos. Ante todo, pretenden degradar la representación de decenas de millones de trabajadores, agricultores, obreros agrícolas y otros en las regiones centrales de Estados Unidos ("tierra de sobrevuelo" —*flyover country*— como dicen algunos burlonamente), y reforzar la representación de los que viven en grandes ciudades de las costas este y oeste: las regiones que Hillary Clinton calificó como "optimistas, diversas, dinámicas, que están progresando".

En cambio, los trabajadores con conciencia de clase están decididos a defender los derechos plasmados en las secciones de la Constitución que ofrecen cierta protección al pueblo trabajador. Estos derechos incluyen no solo la libertad de expresión y el resto de la Carta de Derechos, sino las enmiendas 13, 14 y 15 (que abolieron la esclavitud; establecieron la ciudadanía para "todas las personas nacidas o naturalizadas en Estados Unidos"; prohibieron que cualquier estado negara el derecho al voto "por motivos de raza, color o condición previa de servidumbre" y, sobre todo, garantizaron la "igual protección ante la ley" para todos —*para cualquier persona*— dentro de las fronteras de Estados Unidos.)

Estas protecciones constitucionales se ganaron a través de luchas populares en gran escala después de la primera revolución norteamericana y casi un siglo más tarde durante la segunda revolución norteamericana: la Guerra Civil y la Reconstrucción Radical.

∼

La trayectoria que la cúpula sindical ha perseguido durante décadas de integrar los sindicatos al estado y a los partidos políticos de la clase capitalista ha causado un profundo debilitamiento y disminución de la membresía del movimiento obrero organizado. Aunque entre las principales potencias imperialistas solo Francia tiene un porcentaje de trabajadores sindicalizados más bajo que Estados Unidos, esta tendencia de decreciente sindicalización ocurre también en Australia, Canadá, Alemania, Japón, Italia, Nueva Zelanda, el Reino Unido y otros países.

En Estados Unidos, la actual tasa de afiliación sindical en la minería, la manufactura, el transporte ferroviario de mercancías, el transporte por camión, el almacenaje, las tiendas nacionales minoristas y otras empresas capitalistas, es del 6.5 por ciento, comparado con más de un tercio en los años 50: es el punto más bajo en un siglo. Aun si se incluye a los empleados públicos (quienes se sindicalizaron principalmente en los años 60 y 70 mediante acuerdos y trueques políticos entre funcionarios sindicales y gobiernos municipales y estatales dirigidos por el Partido Demócrata que debilitaron los sindicatos), la presente tasa global de sindicalización es apenas de un 10.7 por ciento, el nivel históricamente más bajo desde las batallas que forjaron los sindicatos industriales en los años 30.

Al mismo tiempo, los sindicatos siguen siendo por mucho las instituciones obreras más grandes en Estados Unidos. Los sindicatos tienen casi 15 millones de miembros, un poco más de la mitad en centros laborales privados. Por esta razón, como explica una sección del programa del PST de 1938 publicada aquí, todos los trabajadores comunistas "se colocan en las primeras filas de todo tipo de lucha, incluso cuando se trata solo de los más modestos intereses materiales o derechos democráticos de la clase trabajadora. Participan activamente en los sindicatos de masas a fin de fortalecerlos y elevar su espíritu combativo".

Cuando el Partido Socialista de los Trabajadores organizó un viraje hacia la clase obrera industrial a mediados de los años 70, los sindicatos industriales habían llegado a ocupar el centro del escenario político en Estados Unidos. Se estaban librando batallas contra los patrones, así como luchas por la democracia sindical para desatar las manos de las filas, por parte de los obreros del Sindicato Unido de Mineros (UMWA), el Sindicato Unido de Obreros del Acero (USWA), el Sindicato Unido de Trabajadores del Transporte (UTU), el Sindicato Unido de Trabajadores de Alimentos y del Comercio (UFCW), la Asociación Internacional de Mecanometalúrgicos (IAM) y otros sindicatos.

Además, el impacto en la clase trabajadora y los sindicatos de las batallas por los derechos de los negros en Estados Unidos había cambiado notablemente las condiciones que Trotsky describió en los años 30, cuando la segregación Jim Crow, según sus propias palabras, había puesto barreras contra la "confraternización de clase" y "acciones comunes con la participación de trabajadores blancos y negros". Como se explica en *Malcolm X, la liberación de los negros y el camino al poder obrero*:

> Con el ascenso de los sindicatos industriales, cada vez más trabajadores negros, blancos, asiáticos, y latinos —nativos e inmigrantes— hoy día sí trabajan juntos en muchos centros de trabajo, a menudo haciendo las mismas labores. Sí participan en acciones comunes y en la confraternización de clase.
>
> Pero la lucha para combatir las múltiples formas de segregación y racismo, y para superar las divisiones nacionales en la clase obrera —mediante la solidaridad mutua y luchas intransigentes usando cualquier medio necesario— sigue siendo la mayor tarea para forjar la vanguardia proletaria en este país.

Con el viraje a la industria a fines de los 70, los trabajadores socialistas que eran miembros de sindicatos industriales pudieron aumentar considerablemente su actividad política mediante estructuras sindicales para impulsar las luchas por los derechos de la mujer, a favor de programas de transporte escolar para eliminar la segregación en las escuelas (*busing*), y por la acción afirmativa para superar las divisiones en la clase trabajadora combatiendo décadas de discriminación contra los trabajadores negros o mujeres.

Cuando las mujeres lucharon por obtener empleos en las minas y en fábricas de las cuales tradicionalmente habían sido excluidas, por ejemplo, en muchos casos lucharon y lograron —con el apoyo de sus sindicatos y muchos de sus compañeros de trabajo masculinos— contratos que estipulaban que toda tarea demasiado pesada, ardua o peligrosa para las mujeres ¡también debía estar prohibida para los hombres! Tenían que existir limites *universales*. Estas fueron victorias para toda la clase trabajadora y el movimiento sindical.

Los militantes sindicalistas con disposición de lucha de clases apoyaron los derechos de los ciudadanos-soldados a expresar sus opiniones, incluso en contra de las guerras de Washington, y a realizar trabajo contra el racismo, el acoso de las mujeres y la discriminación en las fuerzas armadas.

En los sindicatos se realizó trabajo activo de solidaridad con las revoluciones en Nicaragua y Granada y de oposición a la intervención militar norteamericana en Centroamérica y el Caribe. La campaña a favor de la lucha del pueblo trabajador sudafricano para liberar a Nelson Mandela de las prisiones del apartheid y poner fin al régimen de la minoría blanca logró un apoyo amplio en los sindicatos. Nos mantuvimos firmes ante la presión de los patrones, respaldada por la mayoría de los funcionarios sindicales, en nuestro trabajo contra las amenazas militares de Washington hacia Irán, donde un levantamiento revolucionario de masas en 1979 había derrocado a la odiada tiranía del sha apoyada por Washington. Jóvenes revolucionarios de Cuba hicieron giras de conferencias en Estados Unidos y hablaron ante sindicatos locales, visitaron fábricas e intercambiaron experiencias con trabajadores enfrascados en huelgas y otras luchas.

Los miembros del Partido Socialista de los Trabajadores nos sumamos a otros trabajadores en el movimiento sindical y otros ámbitos para promover actividades de solidaridad de masas con huelgas y campañas de sindicalización. Entre estas se destacó la huelga nacional de 110 días que los mineros del carbón, organizados por el sindicato minero UMWA, libraron en 1977–78, y su paro de 10 semanas en 1981. En 1979 ayudamos a movilizar apoyo para la huelga de 12 semanas de los obreros de astillero en Newport News, Virginia, donde la fuerza laboral, antes dividida por la segregación Jim Crow, luchó hombro a hombro bajo la dirección de una vanguardia mayoritariamente de trabajadores negros. Con el grito de batalla "*88, Close the gate!*" (88, Cierren el portón), lograron que el Local 8888 del sindicato del acero USWA fuera reconocido.

Estuvimos entre los trabajadores que en toda Norteamérica se movilizaron en 1985–86 para apoyar la huelga de los obreros empacadores de carne de la empresa Hormel en Austin, Minnesota. Esta lucha fue el inicio de una serie de reñidas batallas durante una década por parte de obreros de la carne, de plantas papeleras y de enlatadoras. La rama del PST y los militantes del partido que eran miembros del UMWA en Price, Utah, se unieron a otros mineros y miembros de la comunidad para responsabilizar plenamente a la compañía Emery Mining por el desastre minero de Wilberg en 1984, donde 27 mineros resultaron muertos cuando los patrones estaban presionando para establecer un récord mundial de producción en 24 horas.

"Codicia patronal mató a mineros del carbón en Utah' fue el titular de primera plana del *Militant*. Fuimos partidarios y dirigentes desde las filas de la huelga en 1989-91 de los mecanometalúrgicos contra la aerolínea Eastern y sus intentos de destruir el sindicato. Esa batalla, a su vez, se entrelazó en las líneas de piquetes y las calles con la huelga del UMWA en 1989-90 contra Pittston Coal Group en la región de los Apalaches, durante la cual 50 mil partidarios visitaron el Campamento Solidaridad, el centro organizador en Virginia.

Realizamos estas actividades junto a otros trabajadores entre las filas de manera de hacer sentir el peso de la clase trabajadora y los sindicatos en estas luchas sociales y políticas. Lo hicimos de manera de promover la independencia política de la clase trabajadora y sus sindicatos contra los partidos gemelos del dominio imperialista estadounidense y los ocasionales "terceros partidos" que son sus satélites. Los copensadores del Partido Socialista de los Trabajadores en organizaciones comunistas en otros países siguieron este mismo curso estratégico en el movimiento obrero.

Hoy ya no existe la correlación de fuerzas de clase que llevó los sindicatos industriales al centro del escenario político de Estados Unidos en los años 70 y 80. Los trabajadores de disposición revolucionaria no sabemos ni cuándo ni cómo comenzará a cambiar la situación en los sindicatos, pero sí sabemos que los descalabros del capitalismo y los ataques de los patrones garantizan que va a suceder. Aún más importante, un camino proletario —lo que Trotsky denominó la lucha para convencer a "las amplias masas explotadas"— no necesita esperar que renazcan las luchas sindicales en gran escala.

Los gobernantes capitalistas y sus partidos políticos ya han demostrado su temor de la verdadera "mejor clase de personas". Sus actitudes las suelen expresar más abiertamente las capas medias altas y profesionales —llámense "liberales", "socialistas" o "progresistas"— que imitan y sirven a la clase dominante al tiempo que están profundamente celosas y resentidas porque siempre serán considerados como intrusos por las familias propietarias más acaudaladas de Estados Unidos. Lo que todos tienen en común es su empeño en no ser gobernados nunca por las clases trabajadoras, sin importar el sexo, el color de la piel o el origen nacional: sea los que Barack Obama desestima como una colección de "tribus", sea los que Donald Trump difama como "narcotraficantes", "criminales" y "violadores".

Al intercambiar políticamente con trabajadores en los umbrales de sus hogares en ciudades, pueblos y por caminos rurales, al sumarnos a luchas obreras y sociales de los trabajadores y los oprimidos, los miembros del Partido Socialista de los Trabajadores están reivindicando, bajo las condiciones actuales, lo que ha sido por un siglo el programa y la estrategia de nuestro partido en Estados Unidos y del movimiento comunista mundial.

Los tribunos del pueblo y los sindicatos es un aporte para comprender estas condiciones y ofrece un argumento sólido para unirse a los esfuerzos para impulsar ese camino revolucionario.

2 de febrero de 2019

"Este libro explica por qué el trabajo de fortalecer los sindicatos es esencial… Cómo los trabajadores, por sus experiencias, aprenden a *pensar socialmente, actuar políticamente* y *usar la fuerza sindical* para impulsar la solidaridad. Y a actuar independientemente de los patrones, su estado y sus partidos".

KYLE GRILLOT/REUTERS

Arriba: Los Ángeles, octubre 2018. Teamsters protestan frente a cárcel de inmigración en apoyo a trabajadores amenazados con deportación. Los camioneros se están sindicalizando en puertos de esa ciudad, donde las empresas emplean a miles de trabajadores, en muchos casos inmigrantes. El letrero dice: "Solidaridad con choferes portuarios en huelga, miembros de Teamsters".

"Los patrones y su sistema bipartidista fomentan la competencia y las divisiones, embolsando ganancias multimillonarias", dice Barnes.

"El Partido Socialista de los Trabajadores nació hace 100 años durante el ascenso de la clase trabajadora estimulado por la revolución rusa, la primera revolución socialista del mundo".

Arriba: Chicago, septiembre 1919. Delegados reunidos para fundar el Partido Comunista de América.

Abajo: Obreros del acero en huelga, Gary, Indiana, 1919. Una de las primeras acciones del PC fue apoyar el paro nacional. Dirigentes de la huelga fueron reclutados al joven partido obrero.

Membrete de periódico: "El Partido Comunista ya es una realidad", afirma primer número de su periódico, *The Communist*. El partido "impugna el capitalismo, dejando claro que su objetivo es movilizar a los trabajadores para la conquista del poder".

"La generación reclutada al PST en los años 50 y 60 se fue transformando por su participación en la lucha contra el sistema de segregación racial en el Sur, por las crisis de los regímenes estalinistas y por el inicio de la revolución socialista en Cuba".

JOSEPH HANSEN/MILITANTE

Arriba izquierda: El *Militante*, abril 1956, informa sobre reconocimiento oficial de crímenes de Stalin. Titular dice, "Periódico judío en Polonia reconoce sangrientas purgas antisemitas de Stalin".

Arriba derecha: Llamado a que sindicatos envíen autos para apoyar boicot de buses en lucha contra segregación del transporte público en Montgomery, Alabama, abril 1956. El titular dice: "Urgen 100 camionetas para apoyar lucha en torno a buses en Alabama".

Abajo: Nueva York, noviembre 1960. Unas 500 personas protestan contra amenazas a Cuba por flota naval norteamericana en el Caribe. Muchos activistas defensores de la revolución habían participado en batallas pro derechos civiles.

"Las condiciones de vida del pueblo trabajador han decaído bajo administraciones tanto demócratas como republicanas. El costo humano está muy diferenciado entre las clases y dentro de la misma clase trabajadora".

LINDA DAVIDSON/GETTY IMAGES

Arriba: Salisbury, Maryland, marzo 2019. Cientos de personas hacen cola para obtener servicios dentales gratuitos. Dee Martello (al frente) no había tenido dinero para ver un dentista en ocho años.

Abajo: Tacoma, Washington, diciembre 2017. Tren de alta velocidad chocó en su primer viaje, dejando tres muertos, 70 heridos. Ofensiva de patrones para reducir tripulaciones de trenes y aumentar sus ganancias es uno de muchos ejemplos de los ataques a las condiciones de salud y seguridad de los trabajadores.

"Los trabajadores y agricultores menores de 30 años solo han conocido tiempos en que muchos son usados como carne de cañón para los guerreristas en Washington".

AARON J. JENNE/FUERZA AÉREA EEUU

Arriba: Dover, Delaware, octubre 2017. Restos de Dustin Wright, muerto en combate en Níger, rumbo a sepelio en zona central de Georgia.

Tasas de suicidios de veteranos entre 18 y 29 años (2006-2016)

Centro: "Un mayor número de jóvenes trabajadores no ganan lo suficiente para irse de casa de sus padres, encontrar una casa o apartamento asequible, casarse y formar una familia", dice Barnes.

Abajo: Suicidios entre jóvenes veteranos de guerra subieron en más del 65 por ciento entre 2005 y 2016. También van creciendo suicidios entre agricultores, taxistas y otros que son aplastados por deudas.

"Los gobernantes capitalistas y sus partidos ya han mostrado su temor de la verdadera 'mejor clase de personas'. Están empeñados en no ser gobernados nunca por el pueblo trabajador".

Arriba izquierda: Hillary Clinton. Aludiendo a los estados donde perdió en 2016, dijo: "El mapa no muestra que gané en lugares que son optimistas, diversos, dinámicos". También culpó a "mujeres blancas casadas" que fueron demasiado débiles para resistir "la presión de votar como te dice tu esposo, tu jefe, tu hijo".

Arriba derecha: Barack Obama. Después que el Partido Demócrata perdió las elecciones presidenciales en 2016, Obama no pudo disimular su desprecio del pueblo trabajador. "Quizás la gente simplemente quiere refugiarse en su propia tribu", dijo.

Abajo: Donald Trump. Calumnió a los inmigrantes como "narcotraficantes", "criminales" y "violadores".

MIKE SHUR/MILITANTE

JACQUIE HENDERSON/MILITANTE

Arriba: Nueva York, febrero 2019. Manifestantes exigen que hospitales contraten a más enfermeras. Seth Galinsky (con corbata), candidato del PST a defensor público en Nueva York, se suma a los piquetes. El PST considera que "la atención médica es un derecho", dijo a las enfermeras. "Ustedes luchan por todos nosotros".

Abajo: Louisville, Kentucky, febrero 2019. "Yo sé de qué está hablando", dijo William Monroe (izq.) a Samir Hazboun, partidario de la campaña del PST. Monroe, obrero de fábrica, se refería a una declaración de Amy Husk, candidata del PST a gobernadora de Kentucky, que defiende derecho de ex presos a votar. "Me quitaron mis derechos por el resto de mi vida", dijo Monroe.

"Para unificar al pueblo trabajador en lucha y forjar un partido proletario, miembros del Partido Socialista de los Trabajadores hacen campaña entre trabajadores en ciudades, pueblos y el campo".

ERIC SIMPSON/MILITANTE

Arriba: West Dallas, Texas, enero 2019. Benito Hernández, carpintero, y Minnie Hernández, quien limpia casas, explican a Dennis Richter (izquierda), candidato a concejal de Los Ángeles, que han trabajado toda la vida pero que jamás podrán jubilarse.

Millones de trabajadores enfrentan un futuro similar, explican los partidarios del PST. "Necesitamos ver lo que *nosotros* podemos *hacer*", dice Jack Barnes, "lo que todos podemos hacer *juntos*, en estos momentos", participando en luchas sindicales y sociales de los trabajadores y los oprimidos.

PRIMERA PARTE

Los tribunos del pueblo

V.I. Lenin

Los tribunos del pueblo

V.I. LENIN

En su libro *¿Qué hacer?* publicado en 1902, V.I. Lenin explicó los fundamentos políticos y programáticos de un partido obrero comunista. Lo escribió desde el exilio en Alemania, unos años antes del primer gran levantamiento de los trabajadores y campesinos en la Rusia zarista, la revolución de 1905. Entre los miembros del movimiento socialista en Rusia, todos conocidos en esa época como socialdemócratas, existía una corriente política, conocida como "economismo", que promovía una perspectiva contraria a la de Lenin. Los economistas limitaban las tareas de la clase trabajadora a una lucha económica por mejores salarios y condiciones de trabajo, rechazaban el papel dirigente del partido obrero y menospreciaban la importancia de la teoría revolucionaria y la conciencia política obrera. El siguiente fragmento de *¿Qué hacer?* es una respuesta a esta corriente política reformista.

La conciencia política de clase se puede aportar a los trabajadores *solo desde fuera*, es decir, solo desde fuera de la lucha económica, desde fuera de la esfera de las relaciones entre trabajadores y patrones. La única esfera de la cual se pueden obtener estos conocimientos es la de las relaciones de *todas* las clases y capas sociales con el estado y el gobierno, la esfera de las relaciones de *todas* las clases entre sí. Por eso, a la pregunta de qué hacer para aportar conocimientos políticos a los trabajadores, uno no puede afirmar simplemente "Hay que ir entre los trabajadores", que es la respuesta con la que se contentan —en la mayoría de los casos— los trabajadores dedicados a la labor práctica, especialmente los que se inclinan hacia el "economismo". Para aportar conocimientos políticos a los *trabajadores*, los socialdemócratas deben *ir entre todas las clases de la población*; deben enviar destacamentos de su ejército *en todas direcciones*.

Si a propósito escogemos esta formulación tan tajante, expresándonos de esta forma simplificada, no es por el deseo de plantear paradojas, sino para "incitar" a los "economistas" a pensar en las tareas que descuidan tan imperdonablemente, a ver la diferencia —que ellos no quieren entender— entre la política sindical y la política socialdemócrata. Por eso rogamos al lector que no se impaciente y nos escuche con atención hasta el final.

Tomemos el tipo más común de círculo socialdemócrata en los últimos años y examinemos su actividad. "Tiene contacto con los trabajadores" y se conforma con eso, difundiendo volantes que denuncian abusos cometidos en las fábricas, la parcialidad del gobierno a favor de los capitalistas y la violencia de la policía.

En las reuniones con los trabajadores, las discusiones casi nunca van más allá de estos temas. Son muy inusuales las conferencias y charlas sobre la historia del movimiento revolucionario, sobre la política interior y exterior de nuestro gobierno, sobre la evolución económica de Rusia y de

Europa, sobre la situación de las distintas clases en la sociedad moderna, etc.

Nadie piensa en establecer y ampliar sistemáticamente las relaciones con otras clases de la sociedad. En esencia, el ideal de un dirigente, según lo concibe la mayoría de los miembros de estos círculos, es mucho más parecido a un secretario sindical que a un dirigente político socialista. Porque el secretario de cualquier sindicato inglés, digamos, siempre ayuda a los trabajadores a llevar a cabo la lucha económica, los ayuda a denunciar los abusos en las fábricas, explica la injusticia de las leyes y medidas que restringen la libertad de salir en huelga y organizar piquetes (para advertir a todos que en una fábrica hay una huelga), explica la parcialidad de los jueces de cortes de arbitraje que pertenecen a las clases burguesas, y así sucesivamente. En una palabra, todo secretario sindical libra y ayuda a librar "la lucha económica contra los patrones y el gobierno".

No se puede insistir demasiado en que *esto no es* socialdemocracia, que el ideal del socialdemócrata no debe ser el secretario sindical sino *el tribuno del pueblo*, capaz de reaccionar ante toda manifestación de tiranía y opresión, donde sea que ocurra y cualquiera que sea la capa o clase social afectada; capaz de generalizar todas estas manifestaciones y presentar en un solo cuadro la violencia policiaca y la explotación capitalista; capaz de aprovechar el hecho más pequeño para exponer *ante todos* sus convicciones socialistas y sus reivindicaciones democráticas, para explicar a *todos* la importancia histórica mundial de la lucha por la emancipación del proletariado.

SEGUNDA PARTE

Los sindicatos en la época de la decadencia imperialista

León Trotsky

PREFACIO

FARRELL DOBBS

El siguiente texto es un extracto del prefacio que Dobbs escribió en 1969 al presentar seis artículos escritos por León Trotsky entre 1931 y 1940 sobre la movilización revolucionaria de la clase trabajadora y los sindicatos. En este libro se reproducen en su totalidad tres de los artículos, junto con fragmentos de los otros tres.

Siendo marxista, León Trotsky sin duda estaba profundamente interesado en todos los problemas relativos a la movilización revolucionaria de la clase trabajadora. Él seguía con interés los cambios en los sindicatos de diversos países y los problemas de estrategia y tácticas que estos cambios les planteaban a los revolucionarios. En efecto, al momento de su muerte en 1940, él estaba abordando estas cuestiones en el artículo "Los sindicatos en la época de la decadencia imperialista".

Este artículo, que es lectura obligada para todo marxista, milite o no en los sindicatos, es uno de los más brillantes y proféticos que Trotsky escribió. De amplio alcance, señala las condiciones que eran comunes a los sindicatos por todo el mundo al inicio de la Segunda Guerra Mundial. Ahonda en la cuestión fundamental del sindicalismo en nuestro tiempo: la necesidad de "la independencia total e incondicional de los sindicatos frente al estado capitalista".
Es una pena que Trotsky no vivió para terminar el artículo, pero este breve texto inconcluso nos da más para pensar

(y actuar) que los libros de cualquier otro autor sobre la cuestión sindical.

El segundo artículo es sobre "La cuestión de la unidad sindical", tal como se planteó ante la Oposición de Izquierda en Francia en 1931, cuando los sindicatos estaban divididos en dos centrales rivales [ver extracto en la página opuesta]. Pero lo que plantea Trotsky sobre este problema recurrente va más allá de la situación concreta que lo llevó a escribirlo, y ofrece orientaciones para enfrentarlo incluso hoy en día.

"No hacemos un fetiche de la unidad sindical", escribió. "Para nosotros no es una panacea". Pero al mismo tiempo, subrayó, "Solo los sectarios o los funcionarios —y no los revolucionarios proletarios— pueden preferir una mayoría segura en una confederación sindical estrecha y aislada en vez de un trabajo de oposición en una organización amplia y realmente de masas". No abogó por la unidad sindical en todo momento y en todas las condiciones, sino que destacó sus ventajas en la mayoría de las condiciones para la clase trabajadora en su conjunto y en particular para los revolucionarios.

El tercer artículo, titulado aquí "Los sindicatos en Gran Bretaña", fue escrito en 1933 cuando la llegada al poder de Hitler había revelado la bancarrota de la Internacional Comunista (Comintern) [ver extracto titulado "Buscar a las masas donde están" en la p. 63]. La Oposición de Izquierda había decidido descontinuar sus esfuerzos para reformar la Comintern y sus partidos, y más bien dedicarse a la creación de una nueva Internacional. Con este fin, la Oposición de Izquierda participó en una conferencia internacional de organizaciones socialistas de izquierda y comunistas independientes, celebrada en París el 27 y 28 de agosto de 1933, donde presentó una resolución que abogaba por una nueva Internacional. Una de las organi-

La cuestión de la unidad sindical

Durante el ascenso revolucionario que se extendió por Europa ante el impacto de la victoriosa Revolución Rusa de octubre de 1917, el movimiento sindical en Francia se había dividido en 1921. A principios de los años 30, la gran mayoría de los trabajadores organizados ya pertenecían a una central sindical dirigida por el Partido Socialista, que Trotsky describe a continuación como "reformistas". Una minoría de los trabajadores sindicalizados pertenecían a una central rival dirigida por el Partido Comunista que se empeñaba en organizar sindicatos "rojos", siguiendo el curso ultraizquierdista del liderazgo estalinista de la Internacional Comunista en aquel entonces. En el siguiente artículo, publicado originalmente en la edición del *Militant* del 15 de mayo de 1931, Trotsky explica por qué los trabajadores comunistas deben instar a la unificación de las dos centrales sindicales en Francia.

¿Cómo podemos entonces conciliar nuestra actitud hacia las organizaciones proletarias dirigidas por los reformistas con nuestra caracterización del reformismo como ala izquierda de la burguesía imperialista? No es una contradicción formal sino dialéctica, es decir, surge de la propia dinámica de la lucha de clases.

Una parte considerable de la clase trabajadora (en muchos países la mayoría) rechaza nuestra evaluación del reformismo. En otros países, ni siquiera se ha planteado esta cuestión. El problema consiste precisamente en llevar a las masas a conclusiones revolucionarias sobre la base de nuestras experiencias comunes con ellas.

Decimos a los trabajadores que no son comunistas

y a los anticomunistas: "Hoy ustedes todavía creen en los dirigentes reformistas a quienes nosotros consideramos traidores. No podemos ni queremos imponerles nuestro criterio por la fuerza. Queremos convencerles. Entonces luchemos juntos y examinemos los métodos y los resultados de estas luchas". Esto significa que dentro de los sindicatos unificados, donde rige la disciplina sindical para todos los miembros, debe existir plena libertad para las agrupaciones...

La unificación de las dos organizaciones sindicales, aun si el ala revolucionaria permaneciera en minoría por un tiempo, pronto demostraría ser favorable para el comunismo y solo para el comunismo. La unificación de las confederaciones acarrearía un ingreso importante de miembros nuevos. Gracias a esto, la influencia de la crisis [capitalista] se reflejaría en los sindicatos de manera más profunda y decisiva. Como parte de esta nueva oleada, el ala izquierda podría iniciar una lucha decisiva para conquistar la confederación unitaria. Solo los sectarios o los funcionarios —y no los revolucionarios proletarios— pueden preferir una mayoría segura en una confederación sindical estrecha y aislada en vez de un trabajo de oposición en una organización amplia y realmente de masas...

No es necesario agregar que no hacemos un fetiche de la unidad sindical. No vamos a posponer ninguna cuestión de lucha hasta el momento que se logre la unidad. Para nosotros no es una panacea sino una lección sobre cosas concretas e importantes que hay que enseñar a los trabajadores que la han olvidado o que no conocen el pasado.

zaciones centristas en el encuentro, el Partido Laborista Independiente (ILP) de Gran Bretaña, tomó una posición intermedia sobre esta cuestión, porque aún sufría de ilusiones sobre la posibilidad de reformar la Comintern, ilusiones que eran parcialmente fruto de la ignorancia sobre la historia del estalinismo.

En este artículo, escrito poco después de la conferencia de París, Trotsky se dio a la tarea de educar a los miembros del ILP, no solo sobre la política desastrosa de los estalinistas en el ámbito sindical en Gran Bretaña y otros países, sino sobre el papel de los auténticos revolucionarios en la lucha contra la burocracia sindical. Entre otros temas aborda uno que aún no se ha agotado: ¿No es posible saltar la etapa sindical?

El cuarto artículo [ver "No un puente sino un muro", p. 70] consiste de fragmentos de cartas escritas en 1936, 1937 y 1938 que criticaban al Partido Obrero Socialista Revolucionario (RSAP) de Holanda, que se había adherido al movimiento por una nueva Internacional en la conferencia de París de 1933, pero que desarrolló una serie de fuertes discrepancias en los años siguientes y se retiró del movimiento antes de que se fundara la Cuarta Internacional en 1938.

Las diferencias abarcaban una amplia gama de cuestiones: la guerra civil en España, el carácter y la vida interna de la Cuarta Internacional, entre otras. Pero también atañían a la política sindical del RSAP, el cual se enfocaba en una pequeña agrupación independiente, el Secretariado Nacional del Trabajo (NAS), en la cual Henk Sneevliet, dirigente del RSAP, ocupaba un papel dirigente, pero que se mantenía al margen de las principales corrientes del movimiento sindical holandés.

El quinto artículo fue tomado del principal documento aprobado en la conferencia de fundación de la Cuarta Internacional, "La agonía del capitalismo y las tareas de la Cuarta Internacional". Reitera la necesidad de que los revolucionarios trabajen en el seno de los sindicatos existentes y condena "los intentos sectarios de crear o mantener pequeños sindicatos 'revolucionarios'", afirmando que eso significa "renunciar a la lucha por el liderazgo de la clase trabajadora". Pero también rechaza "todo fetichismo sindical, propio de sindicalistas y anarcosindicalistas".

Aboga por una lucha, no solo para reemplazar la burocracia sindical conservadora, sino para crear, donde sea posible, combativas organizaciones independientes más adecuadas para una lucha anticapitalista de masas y, de ser necesario, "no vacilar cuando se precise una ruptura directa con el aparato conservador de los sindicatos.

"Si bien es criminal dar la espalda a las organizaciones de masas en aras de fomentar ficciones sectarias, no es menos criminal el tolerar pasivamente la subordinación del movimiento revolucionario de masas al control de camarillas burocráticas abiertamente reaccionarias o conservadoras disfrazadas ('progresistas'). Los sindicatos no son un fin en sí mismo, sino un medio en el camino hacia la revolución proletaria".

El último artículo ["Discusión con un funcionario del CIO"] es producto de una conversación que Trotsky tuvo en México con un organizador del Congreso de Organizaciones Industriales en septiembre de 1938, poco después de la fundación de la Cuarta Internacional.

Otros escritos o comentarios de Trotsky sobre cuestiones sindicales, especialmente cuestiones en Estados Unidos, se encuentran en el libro *The Transitional Program for Socialist Revolution* (El programa de transición para la revolución socialista).

Los sindicatos en la época de la decadencia imperialista

LEÓN TROTSKY

Trotsky no había completado este artículo cuando fue asesinado en agosto de 1940.

Existe una característica común en el desarrollo, o más correctamente en la degeneración, de las organizaciones sindicales modernas en todo el mundo: sus relaciones más y más estrechas con el poder estatal y su creciente integración al poder estatal. Este proceso es igualmente característico de los sindicatos neutrales, socialdemócratas, comunistas y "anarquistas". Este hecho por sí solo muestra que la tendencia a "integrarse" al estado no es inherente a una u otra doctrina como tal, sino que surge de condiciones sociales que todos los sindicatos tienen en común.

El capitalismo monopolista no se basa en la competencia y la iniciativa privada libre sino en un mando centralizado. Las camarillas capitalistas que están a la cabeza de los poderosos *trusts*, cárteles, consorcios bancarios, etc., ven la vida económica desde las mismas alturas que el poder estatal, y a cada paso necesitan la colaboración de este último. A su vez, los sindicatos en las ramas industriales más importantes se ven privados de la posibilidad de aprovechar la competencia entre las diferentes empresas. Se enfrentan a un adversario capitalista centralizado e íntimamente ligado al poder estatal. De ahí se desprende que los sindicatos —en la medida que mantienen posiciones reformistas, o sea, que se adaptan a la propiedad privada— necesitan adaptarse al estado capitalista y competir por su cooperación.

A los ojos de la burocracia del movimiento sindical, la tarea principal es "liberar" al estado del dominio del capitalismo, debilitar su dependencia de los *trusts* y atraerlo a su lado. Esta posición está completamente en armonía con la posición social de la aristocracia obrera y la burocracia obrera, que luchan por una migaja en la repartición de las superganancias del capitalismo imperialista. Los burócratas sindicales hacen todo lo posible, con palabras y con hechos, para demostrarle al estado "democrático" cuán indispensables y fiables son en tiempos de paz y especialmente en tiempos de guerra. El fascismo, al transformar los sindicatos en órganos del estado, no inventa nada nuevo; simplemente lleva las tendencias inherentes al imperialismo a su última consecuencia.

Los países coloniales y semicoloniales no están bajo la influencia del capitalismo nacional sino del capitalismo extranjero. Sin embargo, esto no debilita sino más bien refuerza la necesidad de los lazos directos, prácticos y diarios entre los magnates del capitalismo y los gobiernos que en esencia están sometidos a esos magnates: los gobiernos de los países coloniales y semicoloniales. En la medida que el capitalismo imperialista crea —tanto en las colonias como en las semicolonias— una capa de aristocracia y burocracia obrera, esta última necesita el apoyo de los gobiernos coloniales y semicoloniales como protectores, patrocinadores y a veces árbitros. Esta constituye la base social más importante para el carácter bonapartista y semibonapartista de los gobiernos en las colonias y en los países atrasados en general.[1] También constituye la base para la dependencia de los sindicatos reformistas del estado.

En México los sindicatos se han transformado por ley en instituciones semiestatales, y por consiguiente han asumido un carácter semitotalitario. La estatización de los sindicatos, según la concibieron los legisladores, fue propuesta en beneficio de los trabajadores para asegurarles influencia en la vida económica y gubernamental. Sin embargo, en la medida que el capitalismo imperialista domine el estado nacional y, con ayuda de las fuerzas reaccionarias internas, puedan derrocar la democracia inestable y reemplazarla con una abierta dictadura fascista, las leyes relativas a los sindicatos pueden convertirse fácilmente en un arma en manos de la dictadura imperialista.

De lo que antecede, sería fácil a primera vista sacar la conclusión de que los sindicatos dejan de ser sindicatos en la época imperialista. Casi no dejan lugar para la democracia obrera que —en los buenos tiempos cuando reinaba el libre comercio en la esfera económica— era el contenido de la vida interna de las organizaciones obreras. Sin democracia obrera no puede existir una libre contienda para influir en

---

1. En épocas de crisis social, sectores de la clase capitalista gobernante intentan concentrar el poder ejecutivo en manos de un "hombre fuerte". Estos dirigentes bonapartistas, quienes afirman demagógicamente estar por encima de las fuerzas de clase que compiten entre sí, en realidad buscan estabilizar y mantener el poder de la clase o capa social dominante. "Bonapartista" se refiere a la manera en que Napoleón Bonaparte después de la Revolución Francesa (1799–1815), y posteriormente su sobrino Luis Bonaparte (1851–1870), llevaron a cabo estos intentos de equilibrar las fuerzas de clase.

los miembros del sindicato, y por eso desaparece el campo principal de trabajo para los revolucionarios en los sindicatos. Pero semejante posición sería completamente falsa. No podemos escoger el terreno y las condiciones para nuestra actividad según nuestras simpatías o antipatías. Es infinitamente más difícil luchar por influir sobre las masas trabajadoras en un estado totalitario o semitotalitario que en una democracia. Lo mismo sucede en los sindicatos, cuyo destino refleja los cambios en el curso de los estados capitalistas.

No podemos renunciar a la lucha por influir en los trabajadores de Alemania simplemente porque el régimen totalitario haya hecho sumamente difícil dicho trabajo en ese país. Por exactamente la misma razón, tampoco podemos renunciar a la lucha dentro de las organizaciones obreras obligatorias creadas por el fascismo. Aun menos podemos renunciar al trabajo sistemático en el seno de los sindicatos de corte totalitario o semitotalitario simplemente porque dependen directa o indirectamente de un estado obrero o porque la burocracia no permite que los revolucionarios trabajen libremente en los sindicatos.

Es necesario librar una lucha bajo todas estas condiciones concretas creadas por los anteriores sucesos, incluso por los errores de la clase obrera y los crímenes de sus dirigentes. En los países fascistas y semifascistas, es imposible hacer trabajo revolucionario que no sea clandestino, ilegal, conspirativo. En los sindicatos totalitarios y semitotalitarios es imposible o casi imposible hacer trabajo que no sea conspirativo.

Es preciso adaptarnos a las condiciones concretas que existen en los sindicatos de cada país determinado a fin de movilizar a las masas, no solo contra la burguesía sino contra el régimen totalitario en los mismos sindicatos y contra los dirigentes que refuerzan este régimen. La principal consigna en esta lucha es: *independencia total e incondicional de los sindicatos frente al estado capitalista*. Esto significa una lucha destinada a convertir los sindicatos en órganos de las amplias masas explotadas y no de la aristocracia obrera.

~

La segunda consigna es: *democracia sindical*. Surge directamente de la primera consigna, y para llevarse a cabo presupone la completa libertad de los sindicatos frente al estado colonial o imperialista.

En otras palabras, los sindicatos en la época actual no pueden ser simplemente los órganos de la democracia, como lo fueron en la época del capitalismo del libre comercio, y tampoco pueden seguir siendo políticamente neutrales. Es decir, no se pueden limitar a responder a las necesidades cotidianas de la clase trabajadora. Ya no pueden ser anarquistas, o sea, no pueden hacer caso omiso de la influencia decisiva del estado en la vida de los pueblos y las clases. Ya no pueden ser reformistas, puesto que las condiciones objetivas no dejan lugar para reformas serias y perdurables.

O bien los sindicatos de nuestro tiempo servirán de instrumentos secundarios del capitalismo imperialista para subordinar y disciplinar a los trabajadores y obstruir la revolución, o, por lo contrario, los sindicatos se convertirán en instrumento del movimiento revolucionario del proletariado.

~

La neutralidad de los sindicatos es total e irremediablemente cosa del pasado: desaparecida, junto con la libre democracia burguesa.

~

De lo que se ha dicho anteriormente, se deduce claramente que, a pesar de la degeneración progresiva de los sindicatos y su creciente integración al estado imperialista, el trabajo dentro de los sindicatos no solo no ha perdido vigencia sino que sigue siendo tan importante como antes, y en cierto sentido es incluso más importante que nunca para todo partido revolucionario. El asunto en cuestión es esencialmente la lucha por influir en la clase trabajadora. Toda organización, todo partido, toda facción que se permita una posición ultimatista en relación a los sindicatos, es decir, que básicamente le dé la espalda a la clase trabajadora, simplemente por su disgusto con el estado de sus organizaciones, toda organización que actúe así está destinada a desaparecer. Y hay que decirlo: merece perecer.

∽

Puesto que el papel principal en los países atrasados no lo desempeña el capitalismo nacional sino el capitalismo extranjero, la burguesía nacional ocupa una posición social mucho menor que lo que correspondería a su desarrollo industrial. Puesto que el capital extranjero no importa a la fuerza laboral sino que proletariza a la población nativa, el proletariado nacional comienza muy pronto a desempeñar el papel más importante en la vida del país. En esas condiciones el gobierno nacional, cuando intenta resistir al capital extranjero, está obligado en mayor o menor grado a apoyarse en el proletariado. Por otra parte, los gobiernos de los países atrasados que consideran inevitable o más provechoso marchar hombro con hombro con el capital extranjero destruyen las organizaciones obreras e implantan un régimen más o menos totalitario.

De esta manera, cualquier tipo de régimen democrático estable se ve socavado por la debilidad de la burguesía nacional, la ausencia de tradiciones de gobierno comunal

Buscar a las masas donde están

El siguiente fragmento es de un artículo que León Trotsky escribió para el semanario *The Militant*. El artículo completo, fechado el 4 de septiembre de 1933, aparece en inglés en *Writings of Leon Trotsky, 1933–34* (Escritos de León Trotsky, 1933–34).

Los sindicatos se formaron en el período de surgimiento y ascenso del capitalismo. Tenían por objeto elevar el nivel material y cultural del proletariado y ampliar sus derechos políticos. Este trabajo, que en Inglaterra duró más de un siglo, dio a los sindicatos una autoridad tremenda entre los trabajadores.

La decadencia del capitalismo británico, en las condiciones del declive del sistema capitalista mundial, minó las bases del trabajo reformista de los sindicatos. El capitalismo solo puede mantenerse reduciendo el nivel de vida de la clase obrera. En estas condiciones los sindicatos pueden, o bien transformarse en organizaciones revolucionarias, o bien convertirse en auxiliares del capital para la creciente explotación de los trabajadores.

La burocracia sindical, que resolvió satisfactoriamente su propio problema social, tomó el segundo camino. Dirigió toda la autoridad acumulada de los sindicatos en contra de la revolución socialista y hasta en contra de cualquier intento de los trabajadores de resistir los ataques del capital y de la reacción…

Los sindicatos, como ya hemos dicho, cumplen ahora un papel reaccionario y no progresista. Sin embargo, aún abarcan a millones de trabajadores. No hay que pensar que los trabajadores son ciegos y no ven el cambio producido en el papel histórico de los sindicatos. ¿Pero qué se puede hacer? A los ojos del ala izquierda de los trabajadores, el camino revolucionario está gravemente comprometido por los zigzags y las aventuras del comunismo oficial. Los trabajadores se dicen: Los sindicatos son malos, pero sin ellos podríamos estar peor. Es la psicología del que se encuentra en un callejón sin salida. Mientras tanto, la burocracia sindical persigue con aún más fuerza a los trabajadores revolucionarios, reemplazando con aún mayor descaro la democracia interna por la acción arbitraria de una camarilla, transformando los sindicatos esencialmente en una especie de campo de concentración para los trabajadores durante la decadencia del capitalismo.

Frente a esta situación, surge inmediatamente una idea: ¿No es posible soslayar los sindicatos? ¿No es posible reemplazarlos con alguna organización nueva e incorrupta como sindicatos revolucionarios, comités de fábrica, soviets o algo por el estilo? El error fundamental de estos intentos es que reducen a experimentos organizativos el gran problema político de cómo liberar a las masas de la influencia de la burocracia sindical. No basta con ofrecerles a las masas otro lugar adonde dirigirse. Hay que ir a buscarlas donde están y guiarlas.

autónomo, la presión del capitalismo extranjero y el crecimiento relativamente rápido del proletariado. Los gobiernos de los países atrasados, es decir, coloniales y semicoloniales, asumen mayormente un carácter bonapartista o semibonapartista; difieren unos de otros en lo siguiente:

algunos intentan orientarse en una dirección democrática, buscando apoyo entre los trabajadores y campesinos, mientras que otros implantan una forma de gobierno cercana a la dictadura militar-policiaca.

Esto determina asimismo el destino de los sindicatos. O bien permanecen bajo la tutela especial del estado o bien se ven sometidos a una cruel persecución. La tutela estatal está dictada por dos tareas que el gobierno enfrenta: atraer a la clase trabajadora a su lado, ganando apoyo para resistir las pretensiones excesivas del imperialismo; y, al mismo tiempo, disciplinar a los propios trabajadores poniéndolos bajo el control de una burocracia.

∼

El capitalismo monopolista está cada vez menos dispuesto a aceptar la independencia de los sindicatos. Exige que la burocracia reformista y la aristocracia obrera, que picotean migajas de su mesa de banquete, se transformen en su policía política ante los ojos de la clase trabajadora. Si no, los fascistas expulsan y reemplazan a la burocracia obrera. Dicho sea de paso, todos los esfuerzos de la aristocracia obrera como sirvientes del imperialismo no pueden a la larga salvarla de la destrucción.

La intensificación de las contradicciones de clases en cada país, la agudización de los antagonismos entre un país y otro, producen una situación en que el capitalismo imperialista puede tolerar (hasta cierto punto) una burocracia reformista, siempre que esta actúe como accionista, pequeño pero activo, de sus empresas imperialistas, o de sus planes y programas dentro del país así como a nivel mundial. El social-reformismo debe transformarse en social-imperialismo para poder prolongar su existencia, pero solo para prolongarla y nada más, pues por ese camino en general no hay salida alguna.

¿Significa esto que en la época del imperialismo es imposible en general la existencia de sindicatos independientes? Sería fundamentalmente erróneo plantear el problema de esta manera. Lo imposible es la existencia de sindicatos independientes o semiindependientes de carácter reformista. La existencia de sindicatos revolucionarios, que no solo no son accionistas de la política imperialista sino que se planteen como tarea el derrocamiento directo del dominio capitalista, sí es totalmente posible.

En la época de la decadencia imperialista los sindicatos pueden ser verdaderamente independientes solo en la medida en que estén conscientes de su papel, además, como órganos de la revolución proletaria. En este sentido, el programa de reivindicaciones transitorias adoptado por el último congreso de la Cuarta Internacional no solo es el programa para la actividad del partido, sino que en sus características fundamentales es el programa para la actividad de los sindicatos.[2]

~

El desarrollo de los países atrasados se distingue por su carácter combinado. En otras palabras, lo más avanzado de la tecnología, economía y política imperialista se combina en estos países con el atraso y primitivismo tradicional. Esta ley puede observarse en las más diversas esferas del desarrollo de los países coloniales y semicoloniales, incluso en el movimiento sindical.

El capitalismo imperialista actúa aquí de la manera más

---

2. La sección de ese programa sobre "Los sindicatos y los comités de fábrica" es el próximo texto en este libro. Aquí también aparecen extractos de los intercambios que Trotsky sostuvo sobre el programa con dirigentes del Partido Socialista de los Trabajadores (pp. 93–105). El programa y los intercambios aparecen en su totalidad en *The Transitional Program for Socialist Revolution*.

cínica y descarada. Lleva a un terreno virgen los métodos más perfeccionados de su régimen tiránico.

~

En el movimiento sindical de todo el mundo se ha observado en los últimos tiempos una tendencia hacia la derecha y la supresión de la democracia interna. En Gran Bretaña el Movimiento Minoritario en los sindicatos ha sido aplastado (no sin la ayuda de Moscú); los dirigentes del movimiento sindical hoy son agentes obedientes del Partido Conservador, especialmente en el terreno de la política exterior. En Francia no había lugar para la existencia independiente de sindicatos estalinistas. Los estalinistas se unieron [en 1936] con los llamados sindicatos anarcosindicalistas bajo la dirección de Jouhaux, y como resultado de esta unificación se produjo un cambio general del movimiento sindical, no hacia la izquierda sino hacia la derecha. La dirección de la CGT es la agencia más directa y abierta del capitalismo imperialista francés.[3]

En Estados Unidos el movimiento sindical ha atravesado su período más tormentoso en los últimos años. El ascenso del CIO [Congreso de Organizaciones Industriales] es la prueba más evidente de la existencia de tendencias revolucionarias entre las masas trabajadoras. Sin embargo, es sumamente notable e indicativo que la nueva organiza-

---

3. El Movimiento Minoritario, organizado por los trabajadores comunistas en los sindicatos británicos en 1924, ganó el apoyo inicialmente de cientos de miles de trabajadores. León Jouhaux encabezó la Confederación General del Trabajo (CGT) en Francia de 1909 a 1940. Jouhaux era un anarcosindicalista que no estaba ni en el Partido Comunista ni en el Partido Socialista. Apoyó el Frente Popular burgués de 1936–37, un gobierno de coalición integrado por el PS, el PC y el Partido Radical burgués. También respaldó el imperialismo francés en las dos guerras mundiales.

ción sindical "de izquierda", apenas fundada, cayó en el abrazo férreo del estado imperialista. La pugna entre los altos funcionarios de la vieja federación [AFL, Federación Americana del Trabajo] y la nueva se reduce en gran medida a la lucha por obtener la simpatía y el apoyo de[l presidente estadounidense Franklin D.] Roosevelt y su gabinete.

No menos aleccionador, aunque en un sentido diferente, es el cuadro del desarrollo —o la degeneración— del movimiento sindical en España. En los sindicatos socialistas todos los elementos dirigentes que en algún grado representaban la independencia del movimiento sindical fueron echados a un lado. En cuanto a los sindicatos anarcosindicalistas, se transformaron en instrumento de los republicanos burgueses; de esta manera los dirigentes anarcosindicalistas se convirtieron en ministros burgueses conservadores. El hecho de que esta metamorfosis ocurriera en condiciones de guerra civil no le resta importancia. La guerra es la continuación de la misma política. Acelera los procesos, expone sus rasgos básicos, destruye todo lo que es podrido, falso y equívoco, y pone al desnudo todo lo que es esencial.

El desplazamiento de los sindicatos hacia la derecha se debe a la agudización de las contradicciones internacionales y de clase. Los dirigentes del movimiento sindical sintieron o comprendieron, o se les dio a entender, que no era el momento de jugar a la oposición. Todo movimiento opositor en el seno del movimiento sindical, especialmente entre la cúpula, amenaza con provocar un movimiento tormentoso entre las masas y crear dificultades para el imperialismo nacional. De ahí surge el viraje de los sindicatos hacia la derecha y la supresión de la democracia obrera en los sindicatos. El rasgo fundamental, el viraje hacia un régimen totalitario, se manifiesta en el movimiento sindical de todo el mundo.

Hay que recordar también el caso de Holanda. En ese país, no solo el movimiento reformista y sindical brindó un firme apoyo al capitalismo imperialista. Además, la llamada organización anarcosindicalista estuvo bajo el control del gobierno imperialista. El secretario de esta organización, Sneevliet —a pesar de su platónica simpatía por la Cuarta Internacional— se preocupó ante todo, como diputado del parlamento holandés, de evitar que se descargara la cólera del gobierno sobre su organización sindical.

∼

En Estados Unidos, el Departamento del Trabajo, con su burocracia de izquierda, tiene como tarea la subordinación del movimiento sindical al estado democrático. Hay que decir que hasta ahora esta tarea se ha realizado con cierto éxito.

∼

La nacionalización de los ferrocarriles y de los yacimientos petrolíferos en México no tiene nada que ver con el socialismo, por supuesto. Es una medida del capitalismo de estado en un país atrasado, que de esta forma intenta defenderse, por un lado, del imperialismo extranjero, y por el otro, de su propio proletariado. La administración de los ferrocarriles, de los campos petroleros, etc., por medio de las organizaciones obreras no tiene nada en común con el control obrero sobre la industria. El hecho fundamental es que esta administración se realiza por medio de la burocracia obrera, que es independiente de los trabajadores pero, en cambio, depende completamente del estado burgués.[4]

---

4. Cuando el gobierno del presidente Lázaro Cárdenas en México nacionalizó los ferrocarriles en 1937 y la industria petrolera en 1938, nombró

No un puente sino un muro

El Secretariado Nacional del Trabajo (NAS) era una pequeña central sindical asociada con el Partido Obrero Socialista Revolucionario (RSAP) en Países Bajos, que en ese entonces tenía vínculos con el movimiento mundial dirigido por León Trotsky. Trotsky escribió una carta fechada el 2 de diciembre de 1937 —de la cual aparece aquí un fragmento— al dirigente central del RSAP, Henk Sneevliet, quien había ocupado un escaño en el parlamento holandés desde 1933. El texto completo de la carta aparece en inglés en *Writings of Leon Trotsky (1937–38)*.

El NAS se ha convertido definitivamente en una piedra al cuello del partido, y esta piedra los arrastrará hasta el fondo. Un partido que no participa en los verdaderos sindicatos no es un partido revolucionario. El NAS existe únicamente gracias a la tolerancia y el apoyo económico del gobierno burgués. Dicho apoyo económico depende de la actitud política de ustedes.

Esta es la razón verdadera por la cual el partido no elaboró una plataforma política, a pesar de toda nuestra insistencia. También es la razón por la que usted, como diputado parlamentario, nunca pronunció un discurso genuinamente revolucionario que pudiera servir de propaganda en Holanda así como en el exterior. Su actividad tiene un carácter diplomático y no muy revolucionario.

Están atado de pies y manos por su posición en el NAS. Y el NAS no es un puente hacia las masas sino un muro que los separa a ustedes de las masas.

Con esta medida la clase dirigente pretende disciplinar a la clase trabajadora, haciéndola trabajar más arduamente en servicio de los intereses comunes del estado, que a primera vista parecen coincidir con los intereses de la propia clase trabajadora. En realidad, toda la tarea de la burguesía consiste en liquidar los sindicatos como órganos de la lucha de clases y sustituirlos por una burocracia sindical que funcione como órgano de dirección del estado burgués sobre los trabajadores.

En estas condiciones, la tarea de la vanguardia revolucionaria es encabezar una lucha por la completa independencia de los sindicatos y por la introducción de un verdadero control obrero sobre la actual burocracia sindical, la cual se ha convertido en la administradora de los ferrocarriles, las empresas petroleras, etc.

~

Los sucesos de los últimos tiempos (antes de la guerra) han demostrado con especial claridad que el anarquismo —que en términos de teoría no es más que liberalismo llevado a su extremo— fue en la práctica una propaganda pacífica ejercida en el seno de la república democrática, cuya protección requería. Si dejamos a un lado los actos terroristas individuales, etc., el anarquismo como sistema político y movimiento de masas solo distribuyó materiales de propaganda bajo el amparo pacífico de la ley. Durante condiciones de crisis, los anarquistas siempre han hecho lo opuesto de lo que predicaban en tiempos de paz. Esto lo señaló el propio Marx en relación a la Comuna de París.[5] Y

---

a funcionarios de los sindicatos ferroviario y petrolero a las juntas estatales que administraban esas industrias.

5. La Comuna de París, el primer gobierno obrero, tomó el poder en marzo de 1871. Dos meses más tarde fue aplastada por la burguesía francesa; más de 20 mil trabajadores fueron masacrados.

esto se repitió a una escala mucho mayor con la experiencia de la revolución española.

~

Hoy día ya no pueden existir sindicatos democráticos en el viejo sentido de la palabra, o sea, organismos donde diferentes tendencias, en el seno de una sola organización de masas, luchan más o menos libremente. Así como es imposible regresar al estado democrático burgués, también es imposible regresar a la vieja democracia obrera. El destino de uno refleja la suerte de la otra.

De hecho, la independencia de los sindicatos —en un sentido de clase— respecto al estado burgués solo puede lograrse en las actuales condiciones con un liderazgo completamente revolucionario, es decir, el liderazgo de la Cuarta Internacional. Este liderazgo, desde luego, puede y debe ser racional y asegurarles a los sindicatos el máximo de democracia concebible en las actuales condiciones concretas. Pero sin el liderazgo político de la Cuarta Internacional, la independencia de los sindicatos es imposible.

Los sindicatos y los comités de fábrica

LEÓN TROTSKY

A continuación aparecen dos secciones de una resolución redactada por León Trotsky y adoptado por el Comité Nacional del Partido Socialista de los Trabajadores en abril de 1938 como el programa del partido. El PST presentó el documento para ser debatido por los partidos del movimiento mundial dirigido por Trotsky, y fue aprobado por la conferencia fundadora de la Cuarta Internacional en septiembre de 1938. La resolución completa se publicó en inglés en *The Transitional Program for Socialist Revolution* (El programa de transición para la revolución socialista).

Los sindicatos

En la lucha por las reivindicaciones parciales y transitorias, los trabajadores necesitan hoy más que nunca organizaciones de masas, ante todo sindicatos. El poderoso crecimiento de los sindicatos en Francia y Estados Unidos es la mejor respuesta a los doctrinarios ultraizquierdistas que han predicado que los sindicatos "han perdido su utilidad".

Los bolcheviques-leninistas se colocan en las primeras filas de todo tipo de lucha, incluso cuando se trata solo de los más modestos intereses materiales o derechos democráticos de la clase trabajadora. Participan activamente en los sindicatos de masas a fin de fortalecerlos y elevar su espíritu combativo. Luchan implacablemente contra todo intento de subordinar los sindicatos al estado burgués y maniatar al proletariado mediante el "arbitraje obligatorio" y demás formas de intervención policial, no solo fascista sino "democrática".

Únicamente sobre la base de este trabajo es posible una lucha exitosa en los sindicatos contra los reformistas, incluida la burocracia estalinista. Los intentos sectarios de crear o mantener pequeños sindicatos "revolucionarios" como segunda edición del partido significan, de hecho, renunciar a la lucha por el liderazgo de la clase trabajadora. Hay que establecer esta regla inquebrantable: aislarse de los sindicatos de masas de manera capitulacionista significa traicionar la revolución y es incompatible con pertenecer a la Cuarta Internacional.

Al mismo tiempo, la Cuarta Internacional rechaza y condena resueltamente todo fetichismo sindical, propio de sindicalistas y anarcosindicalistas.[6]

(a) Los sindicatos no ofrecen y —dadas sus tareas, su

---

6. El anarcosindicalismo es una corriente política que rechaza la necesidad de que la clase trabajadora establezca un estado obrero para reemplazar el dominio capitalista. También se opone a la construcción de partidos proletarios encaminados a dirigir a los trabajadores y oprimidos en una lucha política revolucionaria por el poder estatal. Al contrario, argumentan que los trabajadores solo necesitan sindicatos o cooperativas para lograr un nuevo orden social mediante una huelga general y "acción directa". No obstante, en la práctica, durante los años 30 los dirigentes de estas corrientes en España y Francia terminaron apoyando regímenes burgueses; en España incluso ocuparon puestos en el gabinete de un gobierno burgués.

composición y el carácter de su reclutamiento— no pueden ofrecer un programa revolucionario acabado. Por tanto no pueden sustituir al partido. La construcción de partidos revolucionarios nacionales, como secciones de la Cuarta Internacional, es la tarea central en la época de transición.

(b) Los sindicatos, aun los más poderosos, no abarcan más del 20 al 25 por ciento de la clase trabajadora, y además, predominantemente las capas más calificadas y mejor pagadas. La mayoría más oprimida de la clase trabajadora se ve involucrada en la lucha solo de manera esporádica, durante los períodos de ascenso excepcional del movimiento obrero. En esos momentos es necesario crear organizaciones *ad hoc*, que abarquen toda la masa combativa: comités de huelga, comités de fábrica y finalmente soviets.

(c) En tanto que organizaciones de las capas superiores del proletariado, los sindicatos, según lo demuestra toda la experiencia histórica, incluso la experiencia aún fresca de los sindicatos anarcosindicalistas de España, desarrollan poderosas tendencias hacia la conciliación con el régimen democrático burgués. En los períodos agudos de lucha de clases, los aparatos dirigentes de los sindicatos se esfuerzan por dominar el movimiento de masas a fin de domesticarlo. Esto ya está ocurriendo durante el período de simples huelgas, especialmente cuando hay masivas huelgas de brazos caídos (sentadas) que estremecen el principio de la propiedad burguesa. En tiempos de guerra o de revolución, cuando la posición de la burguesía se vuelve particularmente difícil, los dirigentes sindicales generalmente pasan a ser ministros burgueses.

Por lo tanto, las secciones de la Cuarta Internacional no solo deben esforzarse siempre por renovar la máxima dirección de los sindicatos, proponiendo de manera audaz y resuelta en los momentos críticos a nuevos dirigentes combativos en lugar de los funcionarios rutinarios y arribistas. También deben crear, en todos los casos posibles, combativas organizaciones independientes que respondan mejor a las tareas de la lucha de masas contra la sociedad burguesa; y, de ser necesario, no vacilar cuando se precise una ruptura directa con el aparato conservador de los sindicatos.

Si bien es criminal dar la espalda a las organizaciones de masas en aras de fomentar ficciones sectarias, no es menos criminal el tolerar pasivamente la subordinación del movimiento revolucionario de masas al control de camarillas burocráticas abiertamente reaccionarias o conservadoras disfrazadas ("progresistas").

Los sindicatos no son un fin en sí mismo, sino un medio en el camino hacia la revolución proletaria.

Los comités de fábrica
Durante una época de transición, el movimiento obrero no tiene un carácter regular y parejo, sino más bien febril y explosivo. Las consignas, así como las formas de organización, deben estar subordinadas a ese carácter del movimiento. Evitando la rutina como la peste, el liderazgo debe estar atento a las iniciativas de las masas.

Las *huelgas de brazos caídos* ("*sit-down strikes*"), una de las manifestaciones más recientes de esta iniciativa, rebasan los límites de los procedimientos capitalistas "normales". Independientemente de las demandas de los huelguistas, la ocupación temporal de las fábricas asesta un duro golpe al ídolo: la propiedad capitalista. Cada sentada plantea de manera práctica la pregunta: ¿quién es el patrón de la fábrica: el capitalista o los obreros?

Si bien la huelga de brazos caídos plantea esta cuestión de manera episódica, el *comité de fábrica* le da una expresión organizativa. Elegido por todos los obreros y empleados de la empresa, el comité de fábrica se convierte

"**Las huelgas de brazos caídos rebasan los límites del capitalismo 'normal'. Plantean la pregunta: ¿quién es el patrón: el capitalista o los obreros?**"—*León Trotsky*

En Francia, dos millones de obreros ocuparon fábricas en una ola de huelgas de brazos caídos en 1936. En Estados Unidos, 500 mil obreros participaron en sentadas en 1937, muchas en fábricas automotrices, exigiendo el reconocimiento de su sindicato y mayores salarios.

Arriba: París, mayo 1936. Obreros ocupan enorme fábrica de Renault. ***Abajo:*** Kansas City, Missouri, abril 1937. Automotrices recién sindicalizados ocupan fábrica de Ford.

inmediatamente en un contrapeso de las decisiones de la gerencia.

Frente a los reformistas que critican a los patrones del viejo tipo —"monarcas económicos" como [Henry] Ford— en comparación con los explotadores "buenos" y "democráticos", planteamos la consigna de comités de fábrica como centros de lucha contra ambos.

Los burócratas sindicales se resisten, como regla general, a la creación de comités de fábrica, igual que se oponen a todo paso audaz que siga el camino de la movilización de las masas. Pero entre más amplio sea el alcance del movimiento, más fácil será vencer su resistencia.

En tiempos de "paz", en las fábricas donde todos los obreros son miembros del sindicato (el *closed shop*, o "taller cerrado"), el comité coincidirá formalmente con la organización sindical, pero revitalizará sus filas y ampliará sus funciones. Sin embargo, la mayor importancia de los comités es que se convierten en el estado mayor de combate para capas de la clase obrera que el sindicato por lo general no es capaz de alcanzar. Es precisamente de esas capas más oprimidas de donde surgirán los destacamentos más abnegados de la revolución.

Desde el momento en que aparece el comité, se establece de hecho una dualidad de poder en la fábrica. Por su esencia, representa el estado de transición, porque encierra en sí misma dos regímenes irreconciliables: el capitalista y el proletario.

La principal importancia de los comités de fábrica es precisamente que abren un período, si no directamente revolucionario, entonces prerrevolucionario, entre el régimen burgués y el régimen proletario.

El hecho de que no es ni prematuro ni artificial promover la idea de los comités de fábrica se evidencia ampliamente en las oleadas de huelgas de brazos caídos que se han extendido por varios países. Nuevas oleadas son inevitables en un futuro cercano. Es preciso iniciar una campaña oportuna a favor de los comités de fábrica, para no ser tomados por sorpresa.

Discusión con un funcionario del CIO

Abraham Plotkin, representante del Sindicato Internacional de Obreros de Prendas de Mujer (ILGWU) en la región centro-norte de Estados Unidos, visitó a Trotsky en septiembre de 1938 en su casa en México. El ILGWU era uno de los ocho sindicatos que habían fundado el CIO tres años antes. La transcripción de su intercambio con Trotsky se publicó por primera vez en la edición del 29 de octubre de 1938 del *Socialist Appeal*, nombre bajo el cual se publicó el *Militant* entre agosto de 1937 y febrero de 1941.

ABRAHAM PLOTKIN: La política de nuestro sindicato tiene como objetivo impedir el desempleo total. Hemos logrado que el trabajo se reparta entre todos los miembros del sindicato sin reducción de la paga por hora.

LEÓN TROTSKY: ¿Y qué porcentaje de sus salarios anteriores reciben ahora sus trabajadores?

PLOTKIN: Un 40 por ciento.

TROTSKY: ¡Pero es una barbaridad! ¿Han logrado una

escala móvil de horas de trabajo sin un cambio en la paga por hora? ¡Pero eso significa simplemente que el peso del desempleo recae completamente sobre los trabajadores! Ustedes liberan a la burguesía de la necesidad de gastar sus recursos en los desocupados, haciendo que cada trabajador sacrifique tres quintos de su salario total.

PLOTKIN: Hay algo de cierto en lo que dice. ¿Pero qué se puede hacer?

TROTSKY: No algo de cierto, ¡es completamente cierto! El capitalismo americano sufre un mal crónico incurable. ¿Pueden acaso consolar a los trabajadores con la esperanza de que la actual crisis tendrá un carácter transitorio y que en un futuro cercano se abrirá una nueva época de prosperidad?

PLOTKIN: Personalmente no me hago muchas ilusiones. Entre nuestros círculos muchos comprendemos que el capitalismo ha entrado en su época de declive.

TROTSKY: Pero entonces, por supuesto, significa que mañana sus trabajadores van a recibir el 30 por ciento de sus salarios anteriores, luego el 25 por ciento y así sucesivamente. Puede que de vez en cuando haya mejoras, incluso es inevitable. Pero la curva general va en descenso, hacia más deterioro y empobrecimiento. Ya Marx y Engels lo previeron en el Manifiesto Comunista. ¿Cuál es el programa de su sindicato y del CIO en general?

PLOTKIN: Desafortunadamente, usted no conoce la psicología de los trabajadores americanos. No están acostumbrados a pensar en el futuro. Solo les interesa una cosa: lo que se puede hacer ahora, inmediatamente. Por supuesto, entre los dirigentes del movimiento sindical hay quienes tienen claramente en cuenta los peligros que nos amenazan. Pero ellos no pueden cambiar de un golpe la psicología de las masas. Por los hábitos, las tradiciones y las ideas de los trabajadores americanos, están limitados en lo que pueden hacer. Todo eso no se puede cambiar en un día.

TROTSKY: ¿Está seguro de que la historia les dará los años suficientes para prepararse? La crisis del capitalismo americano tiene ritmos y proporciones "americanos". Un organismo robusto que nunca antes ha sufrido una enfermedad comienza a deteriorarse muy rápido en un momento determinado. La desintegración del capitalismo significa, al mismo tiempo, un peligro directo e inmediato para la democracia, sin la cual los sindicatos no pueden existir. ¿O usted cree, por ejemplo, que el alcalde [Frank] Hague es simplemente un accidente?[7]

PLOTKIN: No, para nada. Últimamente he tenido unas cuantas reuniones al respecto con funcionarios sindicales. Mi opinión es que tenemos en cada estado, bajo una bandera u otra, una organización reaccionaria ya preparada que puede convertirse en punto de apoyo para el fascismo a escala nacional. No tenemos que esperar 15 o 20 años. El fascismo puede conquistarnos en tres o cuatro años.

TROTSKY: En ese caso, ¿cuál es...?

PLOTKIN: ¿Nuestro programa? Entiendo su pregunta. Es una situación difícil. Hay que dar algunos pasos importantes. Pero no veo que existan las fuerzas necesarias o los dirigentes necesarios.

TROTSKY: Entonces, ¿eso significa capitular sin una lucha?

PLOTKIN: Es una situación difícil. Debo reconocer que la mayoría de los activistas sindicales no ven el peligro, o no quieren verlo. Nuestros sindicatos, como usted sabe, han tenido un crecimiento extraordinario en poco tiempo. Es natural que los jefes del CIO tengan una psicología de luna de miel. Tienden a ver las dificultades a la ligera. El

---

7. El alcalde de Jersey City [Nueva Jersey], quien logró aplicar métodos puramente fascistas contra organizaciones obreras. —León Trotsky

gobierno sabe cómo se comportan y juega con ellos. Ellos no están acostumbrados a esto a partir de sus experiencias anteriores. Es natural que estén un poco mareados. Este agradable mareo no conduce fácilmente a un pensamiento crítico. Están disfrutando el presente sin pensar en el mañana.

TROTSKY: ¡Bien dicho! En esto estoy completamente de acuerdo con usted. Pero los éxitos del CIO son temporales. No es más que un síntoma del hecho concreto de que la clase trabajadora de Estados Unidos ha empezado a moverse, ha roto con su rutina, está buscando nuevas vías para evitar el abismo que la amenaza. Si los sindicatos no encuentran nuevas vías, se verán pulverizados.

Hague ya es más fuerte que [el presidente del CIO, John L.] Lewis, porque Hague, a pesar de las limitaciones de su situación, sabe exactamente lo que quiere y Lewis no. La cosa puede terminar con los jefes suyos recuperándose de su "agradable mareo"... en campos de concentración.

PLOTKIN: Lamentablemente, la historia de Estados Unidos, con sus oportunidades ilimitadas, su individualismo, no ha enseñando a nuestros trabajadores a pensar en términos sociales. Basta con decir que a lo sumo un 15 por ciento de los trabajadores sindicalizados asisten a las asambleas sindicales. Hay que reflexionar sobre eso.

TROTSKY: ¿Pero el motivo de un ausentismo del 85 por ciento no será acaso que los oradores no tienen nada que decirles a las filas?

PLOTKIN: Bueno, es verdad hasta cierto punto. La situación económica es tal que nos vemos obligados a contener a los trabajadores, frenar el movimiento, replegarnos. Por supuesto que esto no les agrada a los trabajadores.

TROTSKY: He aquí el meollo del problema. Los culpables no son las filas sino los dirigentes. También en la época clásica del capitalismo, los sindicatos se encontraban en situaciones difíciles durante las crisis, y se veían obligados a replegarse, perdían parte de sus miembros, gastaban sus fondos de reserva. Pero al menos existía la seguridad de que la próxima recuperación económica permitiría resarcir las pérdidas y tal vez superarlas. Hoy no existe la más mínima esperanza al respecto. Los sindicatos van a decaer paso a paso. La organización suya, el CIO, puede derrumbarse tan rápidamente como surgió.

PLOTKIN: ¿Qué se puede hacer?

TROTSKY: Ante todo hay que decirles a las masas cómo son las cosas. Es inaceptable jugar a las escondidas. No dudo que usted conoce mejor que yo a los trabajadores americanos. Pero permítame decirle que los está mirando con lentes viejos. Las masas son inmensamente mejores, más audaces y más resueltas que los dirigentes.

El mero hecho de lo rápido que ha crecido el CIO demuestra que el trabajador americano ha cambiado mucho ante el impacto de las terribles sacudidas económicas de la posguerra, especialmente de la última década. Cuando ustedes mostraron un poco de iniciativa al crear sindicatos más combativos, los trabajadores respondieron inmediatamente con un apoyo extraordinario, sin precedentes. Ustedes no tienen derecho a quejarse de las masas.

¿Y las llamadas huelgas de brazos caídos? No fue a los dirigentes a quienes se les ocurrió, sino los mismos trabajadores. ¿Acaso no es una muestra indiscutible de que los trabajadores americanos están listos para adoptar métodos de combate más decisivos?

El alcalde Hague es un producto directo de las sentadas. Desgraciadamente, frente a la agudización de la lucha social, nadie en la cúpula sindical se ha atrevido a sacar conclusiones tan osadas como lo han hecho las fuerzas capitalistas reaccionarias. Esta es la clave de la situación.

Los dirigentes del capital piensan y actúan de una manera muchísimo más firme, coherente y osada que los dirigentes del proletariado: esos burócratas escépticos y rutinarios que están sofocando el espíritu de lucha de las masas. De ahí surge el peligro de una victoria del fascismo, incluso a corto plazo.

Los trabajadores no asisten a las asambleas porque perciben, de manera instintiva, la insuficiencia, la poca sustancia, la falta de vida, la falsedad total del programa que ustedes ofrecen. Los dirigentes sindicales salen con banalidades justo cuando todo trabajador siente que se acerca una catástrofe. Hay que encontrar el lenguaje que corresponde a las verdaderas condiciones de un capitalismo en decadencia y no a las ilusiones burocráticas.

PLOTKIN: Ya dije que no veo que haya dirigentes. Hay distintos grupos, sectas, pero no veo ninguno que pueda unificar a las masas obreras, aun si coincido con usted en que las masas están dispuestas a luchar.

TROTSKY: No es un problema de dirigentes sino de programa. Un programa correcto no solo estimula y consolida a las masas sino que forma a los dirigentes.

PLOTKIN: ¿Cuál considera usted que es un programa correcto?

TROTSKY: Usted sabe que soy marxista; más exactamente, bolchevique.

Mi programa tiene un nombre muy corto y sencillo: *revolución socialista*. Pero no pretendo que los dirigentes del movimiento sindical adopten inmediatamente el programa de la Cuarta Internacional. Lo que les pido es que saquen conclusiones de su trabajo, de su propia situación. Que para beneficio suyo y de las masas simplemente contesten estas dos preguntas: 1) ¿Cómo salvar al CIO de la bancarrota y la destrucción? 2) ¿Cómo salvar a Estados Unidos del fascismo?

PLOTKIN: ¿Qué haría usted en Estados Unidos si fuera

organizador sindical?

TROTSKY: En primer lugar, los sindicatos deben plantear correctamente el problema del desempleo y los salarios. La escala móvil de horas de trabajo, como la que tienen ustedes, es correcta: todos deben tener trabajo. Pero hay que suplementar la escala móvil de horas con una escala móvil de salarios. La clase trabajadora no puede permitir una reducción continua de su nivel de vida, porque equivaldría a la destrucción de la cultura humana. Hay que tomar como punto de partida los niveles salariales semanales más altos antes de la crisis de 1929.

Las poderosas fuerzas productivas creadas por los trabajadores no han desaparecido ni han sido destruidas: ahí están. Los que controlan estas fuerzas productivas son los responsables del desempleo. Los trabajadores saben trabajar y quieren trabajar. Hay que repartir el trabajo entre todos los trabajadores. La paga semanal de cada trabajador no debe ser menos que la máxima paga obtenida en el pasado. Esa es la demanda natural, necesaria e impostergable de los sindicatos. De otra forma, se verán barridos como trastos viejos por los acontecimientos de la historia.

PLOTKIN: ¿Es realizable ese programa? Significa la ruina segura de los capitalistas. El programa mismo podría acelerar el crecimiento del fascismo.

TROTSKY: Claro que este programa significa luchar y no quedarse sin hacer nada. Los sindicatos tienen dos posibilidades. Una es maniobrar, vacilar, cerrar los ojos y capitular poco a poco para no "enojar" a los patrones o "provocar" a la reacción. Ese fue el camino por el cual los socialdemócratas y los funcionarios sindicales alemanes y austríacos trataron de salvarse del fascismo. Ya conoce el resultado: cavaron su propia fosa. El otro camino es comprender el carácter inexorable de la actual crisis social y dirigir a las masas hacia la ofensiva.

PLOTKIN: Pero aún no me ha contestado la pregunta sobre el fascismo, o sea, el peligro inmediato que los sindicatos crean para sí mismos al plantear demandas radicales.

TROTSKY: No lo olvidé ni por un instante. El peligro fascista ya se cierne, aun antes de que aparezcan las demandas radicales. Es producto de la decadencia y desintegración del capitalismo. Es cierto que la presión de un programa sindical radical puede fortalecerlo por un tiempo. Hay que alertar abiertamente a los trabajadores al respecto. Es necesario proponer desde ahora la creación de organismos especiales de defensa. ¡No hay otro camino! Uno no se puede salvar del fascismo con la ayuda de leyes democráticas, resoluciones o proclamas, como tampoco se puede salvar de una brigada de caballería con la ayuda de notas diplomáticas. Hay que enseñarles a los trabajadores a defender su vida y su futuro, con las armas en las manos, contra los matones y pistoleros del capital.

El fascismo crece muy rápidamente en un ambiente de impunidad. No cabe la menor duda de que los héroes fascistas huirán con el rabo entre las patas cuando vean que por cada una de sus escuadras, los trabajadores están dispuestos a lanzar dos, tres o cuatro de las suyas.

La única forma de salvar las organizaciones obreras, e incluso de reducir al mínimo las pérdidas, es crear a tiempo poderosas organizaciones obreras de autodefensa. Esta es la responsabilidad más importante de los sindicatos si no quieren perecer ignominiosamente. ¡La clase trabajadora necesita una *milicia obrera*!

PLOTKIN: ¿Pero cuál es la perspectiva a largo plazo? ¿En última instancia, adónde llevarán a los sindicatos estos métodos de lucha?

TROTSKY: Es evidente que la escala móvil y la autodefensa obrera no son suficientes. No son más que los primeros pasos, imprescindibles para que los trabajadores no se

Discusión con funcionario del CIO 89

mueran de hambre o se mueran a manos de los fascistas. Son medios de defensa urgentes y necesarios. Pero no pueden por sí solos resolver el problema. La tarea fundamental consiste en sentar las bases para un sistema económico mejor, para utilizar de manera más justa, racional y decorosa las fuerzas productivas para bien de todo el pueblo. Esto no puede lograrse con los métodos comunes, "normales" y rutinarios de los sindicatos. Usted no puede negar esto, porque bajo las condiciones de decadencia capitalista, los sindicatos, cuando actúan de manera aislada, resultan incapaces hasta de impedir que sigan deteriorándose las condiciones de vida de los trabajadores. Hacen falta métodos más decisivos y profundos. La burguesía, que domina los medios de producción y tiene el poder estatal, ha llevado la economía a un estado de desorden total e irremediable. Hay que declarar incompetente a la burguesía y traspasar la economía a manos nuevas y honestas, o sea, a manos de los propios trabajadores.

¿Cómo hacerlo? El primer paso es evidente: todos los sindicatos necesitan unirse y formar su propio partido *obrero* [*labor party*]. No el partido de Roosevelt o [del alcalde de Nueva York, Fiorello] La Guardia, no un partido "obrero" solo de nombre [el Partido Americano del Trabajo, ALP], sino una organización política de la clase obrera que sea realmente independiente. Solo este tipo de partido es capaz de atraer a los agricultores arruinados, a los pequeños artesanos, a los dueños de tiendas. Pero para lograr esto tendría que emprender una lucha implacable contra los bancos, los *trusts*, los monopolios y sus agentes políticos, los partidos Republicano y Demócrata.

La tarea del partido obrero debería consistir en tomar el poder en sus propias manos, todo el poder, y entonces poner en orden la economía. Eso significa organizar toda la economía nacional de acuerdo a un plan único racional, cuyo objetivo no sea las ganancias de un puñado de explotadores sino los intereses materiales y espirituales de una población de 130 millones de personas.

PLOTKIN: Muchos de nuestros activistas comienzan a entender que la evolución política apunta hacia un partido obrero. Pero la popularidad de Roosevelt todavía es muy grande. Si él acepta postularse como candidato presidencial por tercera vez, la cuestión del partido obrero deberá posponerse otros cuatro años.

TROTSKY: He aquí precisamente la tragedia que se desprende del hecho de que los Señores Dirigentes miren a los de arriba en vez de a los de abajo. La guerra que se aproxima, la decadencia del capitalismo americano, el aumento del desempleo y la pobreza: todos estos procesos básicos —que determinan directamente el destino de decenas y cientos de millones de personas— no dependen de la candidatura o la "popularidad" de Roosevelt. Le puedo asegurar que él es mucho más popular entre los funcionarios bien remunerados del CIO que entre los desocupados.

Dicho sea de paso, los sindicatos son para los trabajadores y no para los funcionarios.

Si la idea del CIO inspiró durante cierto tiempo a millones de trabajadores, la idea de un partido obrero independiente y combativo, que busque poner fin a la anarquía económica, al desempleo y a la miseria, que rescate al pueblo y a su cultura, la idea de un partido de ese carácter puede inspirar a decenas de millones de trabajadores.

Por supuesto que los agitadores a favor del partido obrero tendrían que demostrar inmediatamente a los trabajadores, con palabras y con hechos, que no son agentes electorales de Roosevelt, La Guardia y Cía., sino auténticos luchadores por los intereses de las masas explotadas.

Cuando los oradores hablen el lenguaje de dirigentes obreros y no el de agentes de la Casa Blanca, el 85 por ciento de los miembros de los sindicatos vendrá a las reuniones, mientras que se apartará el 15 por ciento de viejos conservadores, aristócratas obreros y arribistas. Las masas son mejores, más audaces, más resueltas que los dirigentes. Las masas quieren luchar. Los que frenan la lucha son los dirigentes, que están rezagados en comparación con las masas. Los dirigentes disimulan su propia indecisión, su propio conservadurismo, sus propios prejuicios burgueses con sus alusiones al atraso de las masas. Este es el verdadero estado actual de las cosas.

PLOTKIN: Bueno, hay mucho de cierto en lo que dijo. Pero, bien, hablaremos de eso la próxima vez.

Del control obrero a un gobierno de trabajadores y agricultores

LEÓN TROTSKY

En marzo de 1938, cuando Trotsky estaba redactando lo que sería el programa de fundación del Partido Socialista de los Trabajadores y de la Cuarta Internacional, sostuvo conversaciones en México sobre este documento con James P. Cannon, Vincent Dunne y Max Shachtman, dirigentes del PST. Cannon, uno de los dirigentes fundadores del Partido Comunista en Estados Unidos en 1919, era secretario nacional del PST en 1938. Dunne, también pionero del comunismo estadounidense, era dirigente de las batallas, basadas en Minneapolis, del sindicato Teamsters en los años 30. Shachtman, dirigente juvenil del Partido Comunista en los primeros años, era director del periódico del PST al momento de estas conversaciones. A continuación se reproducen algunas partes de la transcripción. El intercambio completo sobre el documento de 1938 se encuentra en *The Transitional Program for Socialist Revolution*.

LEÓN TROTSKY: Esta cuestión [de llamar a la formación de un partido obrero basado en los sindicatos, *labor party* en inglés] es muy importante y compleja. Cuando la Liga Comunista abordó este tema por primera vez hace siete u ocho años —de si debíamos estar a favor o no de un partido obrero, si debíamos desarrollar o no iniciativas de este tipo— la opinión predominante fue que no debíamos hacerlo y eso fue absolutamente correcto.[8]

La perspectiva de desarrollo no estaba clara. Creo que la mayoría de nosotros esperábamos que nuestra propia organización se desarrollaría más rápidamente. Por otra parte, pienso que nadie en nuestras filas durante esa época previó el surgimiento del CIO con tanta rapidez y fuerza. En nuestra evaluación, sobreestimamos la posibilidad de desarrollo de nuestro partido a expensas de los estalinistas, por un lado, y, por el otro, no previmos este pujante movimiento sindical y el rápido declive del capitalismo americano.

Son dos hechos que debemos reconocer. No puedo hablar por experiencia propia, sino teóricamente…

Ahora contamos con un movimiento de tremenda importancia: el CIO. Unos 3 millones de trabajadores o más están agrupados en una nueva y más combativa organización. Esta organización —que empezó con huelgas, grandes huelgas, y que involucró parcialmente a la AFL en estas huelgas por aumentos de salario— se topó, desde el primer paso de su actividad, con la mayor crisis conocida en Estados Unidos. La perspectiva de huelgas económicas está descartada para el próximo período, dada esta situa-

---

8. Los partidarios en Estados Unidos de la trayectoria proletaria internacionalista de Lenin, expulsados del Partido Comunista en octubre de 1928, publicaron el primer número del *Militant* una semana más tarde, y en mayo de 1929 crearon una nueva organización llamada la Liga Comunista de América. Tras adquirir experiencia en actividades obreras de masas junto con otras corrientes políticas en el movimiento obrero, fundaron el Partido Socialista de los Trabajadores en enero de 1938.

ción del creciente número de desempleados, etc. Podemos anticipar la posibilidad de que el CIO ponga todo su peso en la balanza política.

Toda la situación objetiva les impone a los trabajadores y a sus dirigentes esta tendencia que estamos discutiendo. A los dirigentes en un doble sentido: por un lado, ellos explotan esta tendencia para reforzar su propia autoridad y, por otro, tratan de frenarla y evitar que sobrepase a los dirigentes. La LNPL cumple esta doble función.⁹ Creo que nuestra política no necesita ser revisada teóricamente, pero necesita ser concretada. ¿En qué sentido? ¿Estamos a favor de la creación de un partido obrero reformista? No. ¿Estamos a favor de una política que pueda darles a los sindicatos la posibilidad de poner su peso en la balanza de fuerzas? Sí.

Puede convertirse en un partido reformista; depende de las circunstancias. Aquí entra la cuestión del programa. Ayer lo mencioné y lo subrayo hoy: necesitamos tener un programa de demandas transitorias. La más completa de estas reivindicaciones es la de un gobierno de trabajadores y agricultores.

Estamos a favor de un partido, un partido independiente de las masas trabajadoras que tomarán el poder estatal. Debemos concretarlo: estamos a favor de la creación de comités de fábrica, del control obrero de la industria a través de los comités de fábrica. Todas estas cuestiones están hoy en el aire. Ellos hablan de tecnocracia y plantean la

---

9. La Liga No Partidista del Trabajo (LNPL) fue creada en 1936 por altos funcionarios del CIO como brazo de los sindicatos para organizar acción política supuestamente "independiente" por parte del movimiento obrero. En realidad, les sirvió de fachada de izquierda para apoyar a candidatos del Partido Demócrata en las elecciones de 1936. La LNPL se vino abajo en 1940 cuando John L. Lewis, presidente del CIO, se opuso a la reelección de Roosevelt y apoyó al candidato republicano.

consigna de "producir para utilizar". Nos oponemos a esta fórmula de charlatanes y abogamos por el control obrero de la producción ejercido por los comités de fábrica...

MAX SHACHTMAN: ¿Cómo motivaría la consigna de milicias obreras?

TROTSKY: Con el movimiento fascista en Europa. Toda la situación demuestra que los bloques integrados por liberales, radicales y la burocracia obrera no son nada en comparación con las bandas fascistas militarizadas. Solo los trabajadores con experiencia militar pueden hacer frente al peligro fascista. Creo que en Estados Unidos tienen suficientes esquiroles y pistoleros como para relacionar esta consigna con experiencias locales; por ejemplo, exponiendo la actitud de la policía, la situación en Jersey City.

En esta situación, digan inmediatamente que este alcalde gángster [Frank Hague de Jersey City] con sus policías gángsters deben ser expulsados por las milicias obreras. "Queremos organizar el CIO aquí, pero se nos niega este derecho en violación de la constitución. Si el poder federal no puede controlar al alcalde, entonces nosotros, los trabajadores, debemos organizar milicias obreras para protegernos y luchar por nuestros derechos". O en los conflictos entre la AFL y el CIO, podemos plantear la consigna de milicias obreras como necesidad para proteger nuestras asambleas obreras.

Especialmente en oposición al concepto estalinista del frente popular. Y podemos señalar el resultado de este frente popular: la suerte de España y la situación en Francia. Después pueden señalar la situación en Alemania, los campos de concentración nazis. Debemos decir: Ustedes, los trabajadores en esta ciudad, van a ser las primeras víctimas de esta banda fascista. Deben organizarse, estar preparados.

JAMES P. CANNON: ¿Qué nombre daría a tales grupos?
TROTSKY: Pueden darles un nombre modesto: milicias obreras.
CANNON: Comités de defensa.
TROTSKY: Sí. Debe discutirse con los trabajadores.
CANNON: El nombre es muy importante. "Comités de defensa obrera" se puede popularizar. En cambio, "milicias obreras" suena demasiado extranjerizante.

SHACHTMAN: Aún no existe en Estados Unidos un peligro fascista que suscitaría un sentimiento a favor de una organización como las milicias obreras. Organizar milicias obreras presupone prepararse para la toma del poder. Eso todavía no está a la orden del día en Estados Unidos.

TROTSKY: Desde luego, solo podremos conquistar el poder cuando contemos con la mayoría de la clase trabajadora, pero aun así las milicias obreras serían una pequeña minoría. Hasta en la Revolución de Octubre las milicias fueron una pequeña minoría. Pero la cuestión es cómo lograr esta pequeña minoría, que debe organizarse y armarse con la simpatía de las masas.

¿Cómo podremos hacerlo? Preparando la conciencia de las masas a través de la propaganda. La crisis, la agudización de las relaciones de clase, la creación de un partido obrero, un *labor party*, va a significar inmediatamente una tremenda agudización de fuerzas. La reacción será inmediatamente un movimiento fascista. Por eso debemos ahora relacionar la idea de un partido obrero con las consecuencias; de otra forma, vamos a parecer meros pacifistas con ilusiones democráticas.

Después tendremos también la posibilidad de difundir las consignas de nuestro programa de transición y ver la reacción de las masas. Veremos cuáles consignas debemos escoger y cuáles debemos abandonar. Pero si renunciamos a nuestras consignas antes de pasar por la experiencia, antes de constatar la reacción de las masas, entonces jamás podremos avanzar.

VINCENT DUNNE: Quería hacer una pregunta sobre la consigna del acceso de los trabajadores a los secretos industriales. Me parece que hay que pensarla bien y aplicarla cuidadosamente, porque de lo contrario, puede entrañar dificultades que ya hemos experimentado. De hecho, una de las formas que los patrones tienen para reducir la combatividad de los trabajadores —ya tuvimos un caso parecido— es de ofrecerse a mostrarnos sus libros de cuentas y demostrar (no importa si lo hacen honesta o fraudulentamente) que tienen pérdidas. Nosotros hemos luchado contra eso, diciéndoles: el manejo de su negocio es asunto suyo; nosotros exigimos condiciones de trabajo dignas. Me pregunto cuál sería entonces el impacto de nuestra consigna de acceso de los trabajadores a los secretos de las industrias.

TROTSKY: Sí, los capitalistas abren sus libros de cuentas en dos casos diferentes: cuando la situación de la fábrica está muy mal, o cuando pueden engañar a los trabajadores. Pero la cuestión debe plantearse desde un punto de vista más general.

En primer lugar, hay millones de desempleados, el gobierno alega que no puede pagar más y los capitalistas dicen que no pueden hacer más aportes. Entonces nosotros queremos tener acceso a los libros de contabilidad de esta sociedad. El control de los ingresos debe organizarse a través de los comités de fábrica. Los trabajadores dirán: Queremos nuestras propias estadísticas fieles a la clase obrera. Si una rama de la industrial demuestra estar realmente arruinada, entonces contestaremos: "Proponemos expropiarlos. Administraremos la industria mejor que ustedes." ¿Por qué no reportan ganancias? Por la situación caótica de la sociedad capitalista.

Afirmamos: Los secretos comerciales son una conspiración de los explotadores contra los explotados, de los empresarios contra los trabajadores. En la época de la libre competencia, insistían en que necesitaban los secretos para protegerse. Pero ahora no guardan secretos entre sí; solo los ocultan de la sociedad.

Esta demanda transitoria también es un paso hacia el control obrero de la producción, como plan preparatorio para la administración de la industria. Todo debe ser controlado por los trabajadores, quienes mañana serán los dueños de la sociedad.

Llamar a la conquista del poder: eso a los trabajadores americanos les parece ilegal y fantasioso. Pero si ustedes dicen: "Los capitalistas se niegan a pagar por los desempleados, y ocultan al estado y a los trabajadores sus verdaderas ganancias recurriendo a una contabilidad fraudulenta", entonces los trabajadores comprenderán esa fórmula.

Si le decimos al agricultor: "El banco lo engaña; recibe enormes ganancias, y nosotros proponemos que ustedes formen comités de agricultores para examinar los libros de cuentas del banco", cualquier agricultor lo entenderá.

Nosotros diremos: "El agricultor solo puede confiar en sí mismo. Que él forme comités para controlar los créditos agrícolas". Ellos lo comprenderán. Presupone un estado de ánimo turbulento entre los agricultores; no se puede lograr todos los días. Pero presentar esta idea entre las masas y entre nuestros propios compañeros: eso es absolutamente necesario desde ya.

SHACHTMAN: Creo que en estos momentos no es correcto proponer la consigna de control obrero de la producción, ni la otra consigna transitoria de las milicias obreras. La consigna de abrir los libros de cuentas de la clase capitalista es más apropiada para el período actual y puede popularizarse.

Con relación a las otras dos consignas, es cierto que son demandas transitorias, pero son apropiadas para esa fase al final del camino, cerca del momento de preparar la toma del poder. Una transición supone un camino, ya sea largo o corto. Cada etapa del camino requiere sus propias consignas. Hoy podemos emplear la demanda de abrir los libros de cuentas; mañana utilizaríamos las consignas del control obrero de la producción y de las milicias obreras.

TROTSKY: ¿Cómo podemos, en esta situación crítica que existe en todo el mundo, medir la etapa de desarrollo del movimiento obrero en Estados Unidos? Usted dice que es el comienzo, no el final. ¿Cuál es la distancia: 100, 10, 4? ¿Cómo se puede afirmar de forma aproximada? En los buenos viejos tiempos, los socialdemócratas decían: "Ahora solo tenemos 10 mil trabajadores, más tarde tendremos 100 mil, luego un millón y después tomaremos el poder. Para ellos, el desarrollo mundial era tan solo una acumulación cuantitativa: 10 mil, 100 mil, etc.

Ahora nos encontramos en una situación radicalmente diferente. Estamos en un período de declive capitalista, de crisis cada vez más turbulentas y terribles, con una guerra que se aproxima. Durante una guerra los trabajadores aprenden muy rápido. Si, como dice, esperamos a ver y solo después hacemos propaganda, entonces no seremos la vanguardia sino la retaguardia. Si me pregunta: "¿Es posible que los trabajadores americanos tomen el poder dentro de 10 años?", yo contestaré que sí, es totalmente posible. La explosión del CIO demuestra que las bases de la sociedad capitalista están socavadas.

Las milicias obreras y el control obrero de la producción no son más que dos caras de una misma moneda. El trabajador no es un contable. Cuando pide ver los libros de cuentas, quiere cambiar la situación, primero controlando y después administrando. Claro, vamos planteando consignas en función de la reacción que encontramos en las masas. Cuando veamos la reacción, sabremos qué parte del programa destacar.

Diremos: Roosevelt ayudará a los desocupados a través de la industria bélica, pero si los trabajadores dirigieran la producción, encontraríamos otra industria, no para los muertos sino para los vivos. Esta cuestión es comprensible hasta para el trabajador medio que nunca participó en un movimiento político. Subestimamos el movimiento revolucionario de las masas trabajadoras. Somos una organización pequeña, propagandista, y en estas situaciones somos más escépticos que las masas, que se desarrollan muy rápidamente.

A principios de 1917 Lenin dijo que el partido es 10 veces más revolucionario que su Comité Central, y que las masas son 100 veces más revolucionarias que las filas del partido. En estos momentos no hay una situación revolucionaria en Estados Unidos. Pero sucede a menudo que compañeros con ideas muy revolucionarias en períodos de calma se convierten en un verdadero freno en situaciones revolucionarias. Un partido revolucionario muchas veces espera una revolución tanto y por tanto tiempo que se acostumbra a aplazarla.

CANNON: Se puede observar ese fenómeno en las huelgas. Se extienden por todo el país toman de sorpresa al partido revolucionario. ¿Debemos proponer este programa de transición en los sindicatos?

TROTSKY: Sí, hacemos propaganda a favor de este programa en los sindicatos. Lo proponemos como programa básico del partido obrero [basado en los sindicatos]. Para nosotros es un programa de transición, pero para ellos es el programa. Ahora se trata de la cuestión del control obrero de la producción. Pero este programa solo lo puede llevar a cabo un gobierno de trabajadores y agricultores. Debemos popularizar esta consigna.

'La tarea es crear una guardia de defensa en los sindicatos'

LEÓN TROTSKY

En junio de 1938, después de que la dirección del Partido Socialista de los Trabajadores presentó el borrador del programa de Trotsky para el debate en el movimiento mundial, él sostuvo más discusiones al respecto en su casa en México con dirigentes del PST y otros visitantes. Cuando se publicaron las transcripciones en el boletín interno del partido, no se dieron los nombres de los participantes, y estos se desconocen. A continuación se reproduce un fragmento de las transcripciones de estos intercambios. El texto completo se encuentra en *The Transitional Program for Socialist Revolution*.

PREGUNTA: ¿Cómo hacemos para iniciar en la práctica los grupos de defensa?

LEÓN TROTSKY: Es muy sencillo. ¿Hay una línea de piquetes en una huelga? Cuando termina la huelga, decimos que tenemos que defender nuestro sindicato haciendo permanente la línea de piquetes.

PREGUNTA: ¿Es el propio partido el que crea el grupo de defensa con sus propios militantes?

TROTSKY: Las consignas del partido deben propagarse en lugares donde tenemos simpatizantes y trabajadores que nos defenderán. Pero un partido no puede crear una organización independiente de defensa. La tarea es crear ese tipo de organismo en los sindicatos.

Debemos tener estos grupos de compañeros muy disciplinados, con dirigentes buenos y cautos que no se dejen provocar fácilmente, puesto que estos grupos pueden ser provocados con facilidad. La principal tarea para el próximo año sería evitar conflictos y choques sangrientos. Debemos reducir estos choques al mínimo con una organización pequeña durante las huelgas, durante los períodos de calma. Para impedir la realización de mítines fascistas, es una cuestión de la relación de fuerzas. Nosotros solos no somos fuertes, pero proponemos formar un frente único.

Hitler explica su éxito en su libro [Mein Kampf]. La socialdemocracia era sumamente fuerte. Él mandó una banda con [el líder nazi] Rudolf Hess a un mitin de la socialdemocracia. Cuenta que al final del mitin, sus 30 muchachos expulsaron a todos los trabajadores, que fueron incapaces de resistirlos. Fue entonces que supo que iba a vencer. Los trabajadores solo estaban organizados para pagar las cuotas. Carecían de preparación para realizar otras tareas.

Ahora debemos hacer lo que hizo Hitler, pero al revés. Enviar a 40 o 50 hombres para disolver el mitin. Esto tiene una importancia enorme. Los trabajadores se templan, se transforman en elementos combativos. Se convierten en clarín. La pequeña burguesía piensa que esta gente es seria. ¡Qué éxito! Esto tiene una importancia tremenda: ya que una buena parte de la población está ciega, atrasada, oprimida, solo el éxito puede despertarla. Solo podemos despertar a la vanguardia, pero esta debe despertar entonces a los demás. Por eso, repito, es una cuestión muy importante.

En Minneapolis, donde contamos con compañeros muy hábiles e influyentes, podemos comenzar a demostrárselo a todo el país.

TERCERA PARTE

'En Minneapolis podemos comenzar a demostrárselo a todo el país'

Farrell Dobbs
Jack Barnes

Autodefensa obrera, no depender del estado de los patrones

FARRELL DOBBS

Cuando Trotsky dijo en junio de 1938 que en Minneapolis "podemos comenzar a demostrárselo a todo el país", se refería al ejemplo que estaba sentando la vanguardia obrera en esa ciudad. El núcleo del liderazgo de esa vanguardia eran dirigentes y cuadros del PST.

De 1934 a 1941 dirigieron a los hombres y mujeres que ganaron las huelgas de los Teamsters que convirtieron a Minneapolis en un bastión sindical. Como parte del movimiento social nacional que forjó los sindicatos industriales, lanzaron campañas que sindicalizaron a un cuarto de millón de camioneros de larga distancia en toda la región central del país.

Encabezaron la lucha nacional por la independencia política de los sindicatos frente al estado capitalista. Hicieron campaña en el seno de la clase trabajadora a favor de un partido obrero basado en los sindicatos y contra los crecientes preparativos de Washington para ingresar a la

Segunda Guerra Mundial.

Fue por esta actividad antibélica que en 1941 los gobernantes imperialistas norteamericanos, usando la Ley Smith de control de pensamiento, enjuiciaron y condenaron a 18 dirigentes del sindicato y del PST, recluyéndolos en prisiones en prisiones federales de 1944 a 1945.

Farrell Dobbs fue uno de los dirigentes centrales de esta vanguardia obrera con perspectiva de lucha de clases y del Partido Socialista de los Trabajadores. El siguiente texto es un fragmento del capítulo "Amenaza de los Camisas Plateadas" en *Política Teamster*, el tercero de los cuatro tomos en que él narra estas batallas obreras y sus lecciones políticas.

En tiempos de crisis social, los conflictos entre el capital y el trabajo tienden a estimular la actividad de demagogos políticos de mentalidad fascista. Ellos anticipan que la intensificación de la lucha de clases hará que ciertos sectores de la clase dominante se alejen de la democracia parlamentaria y sus métodos de gobierno, y recurran al fascismo como medio de mantener el poder estatal y proteger privilegios especiales. Además, cada uno de estos aspirantes espera ser escogido como el *führer* (caudillo) para dirigir el movimiento terrorista que se necesita en el ataque asesino contra la clase trabajadora que acompaña este cambio de política.

Efectivamente, varios de estos aspirantes a Hitler surgieron en este país a principios de los años 30, pero avanzaron poco durante la época dominada por el tempestuoso ascenso del CIO. Pero en los años 1937–38 la situación empezó a cambiar. Se produjo un segundo descenso económico profundo, que marcó el colapso del Nuevo Trato de Roosevelt. Las contradicciones sociales en general se agudizaron, a la vez que la clase dominante se

"Con el descenso de 1937–38, las contradicciones sociales se agudizaron y grupos pro-fascistas comenzaron a reclutar. En Jersey City el alcalde Frank Hague orquestó ataques de matones contra asambleas sindicales y piquetes".
—*Farrell Dobbs*

Arriba: Acto organizado por Hague en Jersey City, Nueva Jersey, febrero 1938. Los letreros dicen, "El alcalde Hague les pide que se queden [en apoyo al] americanismo"; y "Hora de atacar a invasores rojos".

Abajo derecha: Acto antisindical en Jersey City, organizado el 1 de mayo de 1938. El letrero dice, "Rojos fuera de EEUU".

Abajo izquierda: Frank Hague. "Si los sindicatos no encuentran nuevas vías, se verán pulverizados" por elementos como Hague, dijo Trotsky a Abraham Plotkin, organizador del CIO.

fue preparando para sumir el país en la inminente guerra imperialista. Los maldirigentes burocráticos en los sindicatos no guiaron a los trabajadores hacia una trayectoria efectiva para enfrentar las dificultades causadas por estos sucesos: hacia la creación de un partido obrero independiente basado en los sindicatos. Y bajo estas condiciones, un número importante de elementos desmoralizados de clase media en las ciudades, de agricultores empobrecidos y en cierta medida de trabajadores desempleados, se convirtieron en víctimas de charlatanes ultraderechistas.

Por consiguiente, diversos grupos pro-fascistas que habían surgido anteriormente comenzaron a reclutar con bastante rapidez, y gozaron de un aumento paralelo en apoyo económico de acaudalados grupos antiobreros. Envalentonados por este nuevo respaldo, se volvieron más agresivos, así como más provocadores. En algunos casos estos grupos organizaron bandas uniformadas de tropas de asalto, que se entrenaban abiertamente. Con o sin uniforme, matones de ese tipo fueron movilizados para desatar campañas de terror, dirigidas inicialmente contra los objetivos más vulnerables, pero apuntadas fundamentalmente hacia el movimiento sindical.

Los judíos fueron de los primeros en ser atacados. Al igual que en la Alemania nazi, fueron convertidos en chivos expiatorios en un intento de intensificar los prejuicios antisemitas. El objetivo principal era sembrar divisiones en la clase trabajadora. Pero no fueron las únicas víctimas.

En Nueva York y otras ciudades del este del país, trabajadores combativos aislados fueron emboscados y golpeados. Mítines callejeros de grupos de izquierda fueron disueltos. En Jersey City el connotado alcalde Frank Hague orquestó ataques con matones contra asambleas sindicales y líneas de piquetes, y en Nueva Orleans una huelga de los Teamsters fue aplastada por escuadrones extrajudiciales.

Como lo demuestran estos últimos ejemplos, las fuerzas ultraderechistas que libraban estos actos terroristas para beneficio de los capitalistas rápidamente iban enfocándose más y más en su blanco principal: las organizaciones de masas de la clase trabajadora.

Uno de estos grupos pro-fascistas, los Camisas Plateadas de América (Silver Shirts of America), era motivo especial de preocupación para el Local 544 del Sindicato General de Choferes. Fue iniciado en 1932 por William Dudley Pelley, quien había establecido su sede en Asheville, Carolina del Norte, y publicaba un semanario llamado *Liberation*. Cediendo tácitamente la jurisdicción de las principales ciudades a otros ultraderechistas, Pelley enfocó su trabajo en los pueblos y el campo de las regiones agrícolas. Aunque en ese ámbito habían logrado poco en los primeros años, los Camisas Plateadas finalmente empezaban a hacer avances.

Al parecer, esto hizo que una parte de la clase patronal en Minneapolis se interesara en el movimiento, e instaron a Pelley a que enviara a uno de sus ayudantes, Roy Zachary, a la ciudad durante el verano de 1938 para lanzar una campaña de reclutamiento. Se celebraron dos mítines de Camisas Plateadas en rápida sucesión, el 29 de julio y el 2 de agosto, en el salón Royal Arcanum. Estos eventos no estaban abiertos al público y solo se podía entrar por invitación.

A pesar de lo secreto que había sido, los Teamsters se habían enterado de la llegada de Zachary a la ciudad y lo mantuvieron vigilado de cerca. Obtuvieron información de antemano sobre los mítines planeados, lo cual les permitió encontrar una forma de obtener inteligencia fiable de lo que sucedía.

Así se enteraron inmediatamente que el tema principal planteado por Zachary había sido un llamamiento a lanzar un ataque por parte de matones extrajudiciales contra la sede del Local 544.

También se supo que en ambas reuniones se habían repartido materiales que invitaban a los presentes a afiliarse al "Consejo Asociado de Sindicatos Independientes" de F.L. Taylor. Por cierto, Taylor ya había demostrado sus inclinaciones fascistas unas semanas antes al empezar a formar una fuerza de escuadrones extrajudiciales bajo el nombre "Minnesota Minute Men". Así que le resultaba perfectamente natural juntarse con los Camisas Plateadas cuando estos llegaron a la ciudad.

Poco después, el rabino Gordon, un opositor religioso del fascismo que también había estado pendiente de las actividades de Zachary, reveló otro hecho que no auguraba nada bueno. Gordon anunció que George K. Belden, jefe de las Industrias Asociadas, había asistido a ambos mítines de los Camisas Plateadas. Cuando la prensa le preguntó al respecto, Belden dijo a un reportero del Minnesota Leader: "Estoy a favor de eliminar a los extorsionistas…"

En su conjunto, estos sucesos constituían una grave amenaza contra los Teamsters. El sindicato esquirol, que había arrastrado al Local 544 a la corte, ahora estaba vinculado a los Camisas Plateadas; el papel de Belden demostraba que los patrones estaban directamente implicados en el nuevo complot antisindical y se hablaba de un ataque armado contra la sede de los Teamsters.

La situación exigía tomar contramedidas sin demora. Así que el Local 544, actuando con su acostumbrada resolución, respondió a la amenaza organizando una guardia de defensa sindical en agosto de 1938.

Se informó sobre la creación de la guardia en el *Northwest Organizer*, y se entregó a los diarios un comunicado que anunciaba la medida; la prensa destacó reportajes al respecto. Las funciones del nuevo organismo se describieron en el comunicado como la "defensa de las líneas de piquetes, de la sede y de los miembros del sindicato frente a actos de violencia antisindical". Al actuar así el local advertía públicamente que se encargaría de su propia defensa, sin depositar confianza erróneamente en la policía para su protección.

Los dirigentes sindicales estaban plenamente conscientes de que los políticos capitalistas en posiciones de poder no solo hacen la vista gorda a los matones fascistas, sino que a menudo incitan y fomentan esos ataques extrajudiciales contra los trabajadores. No solo eso. Sus subordinados, la policía, consienten y protegen las actividades fascistas, se hacen miembros de estos movimientos y, cuando se emplea la violencia abierta contra los sindicatos, por lo general miran hacia el otro lado. Así actuaron las "fuerzas del orden público" capitalistas en Alemania, Italia y otros países; la historia nos enseñaba que la situación no sería diferente en Estados Unidos.

Por lo tanto, a los trabajadores se les imponía una necesidad férrea. Para defenderse, tendrían que usar sus propias organizaciones. En ese sentido, la acción pionera del Local 544 de formar una guardia de defensa sindical no solo respondía a sus propias necesidades, sino que señalaba el camino para sindicalistas en todo el país.

La guardia no era concebida como una organización limitada a un solo sindicato. Más bien era vista como el núcleo en torno al cual forjar el movimiento unido de defensa más amplio posible. Desde el principio se hicieron esfuerzos para integrar otros sindicatos al proyecto. Se anticipaba que el tiempo y los sucesos también permitirían ampliar este frente único para abarcar a los desempleados, a las minorías, a los jóvenes: todas las víctimas potenciales de los fascistas, matones extrajudi-

"Los patrones en Minneapolis estaban vinculados a los Camisas Plateadas pro-fascistas, y en 1938 se hablaba de un ataque armado contra los Teamsters. El Local 544 respondió organizando una guardia de defensa sindical".—*Farrell Dobbs*

William Dudley Pelley, fundador de los Camisas Plateadas, envió a sus organizadores a Minneapolis para reclutar a matones antisindicales.

SOCIEDAD DE HISTORIA DE MINNESOTA

Izquierda: George Belden, jefe de grupo patronal, asistió a mítines de los Camisas Plateadas para apoyar su campaña antisindical.

Parte de la Guardia de Defensa Sindical, 1938. Voluntarios de sindicatos en toda el área metropolitana engrosaron sus filas, alcanzando 600 miembros, para resistir a bandas reaccionarias.

ciales u otros reaccionarios. Por estas razones, la organización de defensa no era oficialmente parte del Local 544. Más bien, fue iniciada por miembros dirigentes del local, quienes actuaron con la aprobación de los miembros en general. Se puso en marcha un proceso espontáneo de reclutamiento mediante una serie de reuniones con grupos de trabajadores. De esta manera la base principal de la guardia fue establecida rápidamente por el Sindicato General de Choferes, y más adelante sus filas se fueron ampliando gradualmente, incorporando a miembros de otros sindicatos en la ciudad que apoyaban la idea.

La guardia no era de ninguna manera un organismo elitista. Era simplemente una organización de carácter serio y profesional que aceptaba a cualquier sindicalista activo. Los únicos requisitos para ser admitido a sus filas eran la disposición de defender los sindicatos de ataques, la voluntad de recibir el adiestramiento necesario para ese fin y la aceptación de la disciplina democrática exigida para una unidad de combate. Además, sus actividades se realizaban únicamente con el consentimiento de los miembros de los sindicatos participantes y bajo su control.

Como en el caso del propio Local 544, la guardia funcionaba democráticamente en cuanto a sus asuntos internos. Las medidas tomadas para cumplir las tareas asignadas se decidían con un debate abierto y un voto mayoritario. Este procedimiento también se usaba para elegir a los dirigentes que tendrían autoridad de mando durante cualquier combate.

Ray Rainbolt, miembro de la plantilla del Local 544, fue electo comandante en jefe del cuerpo de defensa. Tenía credenciales impresionantes. Además de sus extensos conocimientos en la dirección de luchas sindicales, había adquirido un conocimiento militar considerable durante su servicio anterior en el ejército de Estados Unidos. Igualmente, los que eran elegidos como oficiales de menor rango también se habían destacado en la lucha de clases y eran reconocidos como dirigentes sindicales secundarios. Asimismo, entre las filas de la guardia, todos en mayor o menor grado habían sido probados en el combate en acciones huelguísticas. En el cuerpo en su conjunto, había numerosos veteranos militares con diversas destrezas desarrolladas en las fuerzas armadas. Entre ellos había antiguos francotiradores, artilleros, tanquistas y otros más. Un buen número habían sido suboficiales. Uno había sido oficial del cuerpo de comunicaciones y otro había sido oficial del ejército alemán.

En cuanto a su estructura, el cuerpo estaba dividido en unidades pequeñas para facilitar su movilización rápida en caso de un ataque sorpresivo contra el movimiento sindical. La norma era de escuadras de cinco miembros, y un miembro de cada escuadra era designado capitán. En un lapso relativamente breve la fuerza, organizada así, creció hasta unas 600 personas.

Los miembros de la guardia recibían un pequeño emblema para la solapa con el rótulo "544 UDG" (Union Defense Guard: Guardia de Defensa Sindical), y se les instaba a que lo portaran en todo momento. Cuando estaban de servicio, llevaban brazaletes grandes marcados visiblemente con el nombre "Guardia de Defensa Sindical 544" para identificarse. Esto fue aceptado de buen grado por los miembros de otros sindicatos que formaban parte de la guardia, porque entendían que el uso del prestigioso número 544 le daba más significado al nombre.

La organización recaudaba sus propios fondos —para comprar equipos y cubrir sus gastos generales— auspiciando bailes y otras actividades sociales. Una parte de ese dinero se empleó para comprar dos pistolas de tiro al blanco calibre .22 y dos rifles calibre .22 para que los miembros de la guardia tuvieran una manera de perfeccionar su destreza de disparar con precisión. Se realizaban sesiones de práctica con regularidad. Además, se programaban simulacros periódicos para ofrecer entrenamiento en tácticas defensivas.

Los miembros de la guardia no recibían armas de los sindicatos, ya que por las condiciones existentes eso los habría hecho susceptibles a cargos fabricados por la policía. Pero muchos de ellos tenían sus propias armas en la casa, que usaban para ir de caza, y esas se podrían recoger rápidamente si se necesitaran para repeler un ataque armado de los matones de los Camisas Plateadas.

Durante los simulacros se ofrecían conferencias sobre las tácticas empleadas anteriormente por matones extrajudiciales antiobreros en este país y por fascistas en el extranjero. Luego se entablaban discusiones a fin de elaborar medidas defensivas para afrontar ese tipo de ataques.

También se creó un departamento de inteligencia. Su tarea era mantenerse atentos a materiales y actividades fascistas y antisemitas, propaganda de esquiroles y cosas de esa índole. Hay un episodio en particular que ilustra gráficamente el alcance del brazo de la unidad de inteligencia, así como la efectividad de la guardia en acción. Ocurrió cuando los Camisas Plateadas intentaron realizar otro mitin, donde hablaría Pelley mismo.

El día previsto para el evento, un taxista llevó a Pelley a una residencia en el distrito acaudalado de la ciudad. El chofer se lo informó de inmediato a Rainbolt, quien llamó por teléfono al lugar y advirtió que Pelley tendría problemas si proseguía. Para demostrar que no estaba fanfarroneando, Rainbolt dirigió una parte de la guardia sindical hasta el salón Calhoun, donde se iba a celebrar el mitin esa noche. La llegada de las fuerzas sindicales hizo que el público se marchara de prisa, y el demagogo nunca se presentó. Más tarde, a eso de la medianoche, otro taxista llamó a Rainbolt para informarle que acababa de dejar a Pelley en la estación de tren de Milwaukee a tiempo para que tomara el tren nocturno a Chicago.

Después de ese incidente, los Teamsters tomaron una medida calculada para dar un mayor susto a los que pretendían destruir sindicatos. Lo hicieron con un anuncio especial publicado en la primera plana del *Northwest Organizer* el 29 de septiembre de 1938. El anuncio ordenaba a todos los capitanes de la guardia de defensa a que inmediatamente pusieran sus escuadras en estado de máxima fuerza y en pie de movilización, listos para entrar en acción con poco preaviso.

La medida pareció tener el efecto deseado, ya que los Camisas Plateadas trasladaron su siguiente reunión a la vecina ciudad de St. Paul. Se hizo el 28 de octubre en el Salón Minnehaha y el lugar estuvo fuertemente custodiado por la policía. Zachary fue el orador principal. Según la prensa de la mañana siguiente, él se jactó así:

"Los dirigentes del 544 han dicho que no podemos celebrar reuniones en Minneapolis, pero lo vamos a hacer, con la ayuda de la policía. La policía sabe que algún día va a necesitar nuestro apoyo y por eso nos está apoyando ahora".

Los Teamsters tomaron en serio el argumento de Zachary por varias razones. El evento de St. Paul podía ser más que un simple intento de levantar la baja moral de los elementos pro-fascistas celebrando un mitin exitoso. Parte de la idea podría haber sido la de presionar a las autoridades de Minneapolis para que les brindaran una protección policial similar en esa ciudad también. De ser así, era probable que las Industrias Asociadas estuvieran implicadas en la maniobra.

A partir de estas suposiciones, el alto mando de la guardia de defensa sindical decidió organizar una demostración pública de fuerza. Tenía un doble objetivo: dejar claro a todos que los Camisas Plateadas no iban a operar en Minneapolis sin enfrentar una lucha seria y, simultáneamente, poner a prueba la eficacia de la guardia en el transcurso de esa demostración.

Para este propósito se convocó a una movilización de emergencia del cuerpo de defensa con apenas una hora de preaviso. Solo tres personas sabían lo que estaba pasando. Como parte de la prueba, a los demás se les había dado la impresión de que había surgido una verdadera crisis. A la hora fijada para la asamblea, apenas 60 minutos después de que se había hecho el primer llamado, unos 300 miembros de la guardia se habían presentado listos para la acción: una ejecución impresionante.

La movilización se llevó a cabo en un terreno baldío en el centro de la ciudad, para que muchos vieran lo que estaba sucediendo. Una vez congregados los hombres, Rainbolt les explicó que había sido una práctica para darles una advertencia más a los Camisas Plateadas y a sus partidarios entre los patrones. Luego se realizó una discusión objetiva para evaluar los resultados de la prueba.

Puesto que todo tipo de planes personales para esa noche habían sido desbaratados abruptamente, resultaba apropiado brindar un poco de diversión como compensación. Entonces la guardia fue llevada marchando en una larga columna —luciendo los brazaletes de forma prominente— hasta un teatro de variedades en el centro de la ciudad, donde se había reservado un grupo de asientos.

En cuanto a los ultraderechistas, parece que oyeron el mensaje fuerte y claro del sindicato. Zachary no hizo más intentos de celebrar mítines en Minneapolis, la propaganda fascista decayó y después de un tiempo quedó evidente que los Camisas Plateadas habían suspendido por completo su campaña de reclutamiento.

A pesar de este cambio favorable en la situación, la guardia de defensa sindical se conservó como aseguramiento contra cualquier resurgimiento de la amenaza fascista. Pero el carácter de sus actividades cambió. La frecuencia de las sesiones de práctica y los simulacros disminuyeron. Las funciones de la guardia gradualmente pasaron a ser principalmente las de vigilar los picnics del sindicato y otros eventos sociales grandes. Con despliegues públicos esporádicos de este tipo, se les recordaba a las fuerzas antisindicales que el cuerpo de defensa continuaba existiendo.

En resumen, el Local 544 no solo había rechazado otro ataque capitalista. La experiencia con los Camisas Plateadas había dado a muchos de sus miembros una mejor comprensión de la necesidad de la autodefensa obrera, y los mejores militantes habían logrado comprender más a fondo las leyes de la lucha de clases.

Un sindicato industrial de todos los choferes

FARRELL DOBBS

A través de las huelgas de 1934, el sindicato Teamsters en Minneapolis se vio transformado, de una estrecha asociación de oficios, en un pionero del movimiento social nacional para forjar sindicatos organizando en un solo *sindicato industrial* a todos los trabajadores en una industria específica.

En su libro *Rebelión Teamster*, Farrell Dobbs explica que, antes de que estallaran estas batallas, la cúpula de la Hermandad Internacional de Teamsters había rechazado la perspectiva de sindicalizar a todos los choferes y trabajadores afines a nivel de industria. Los Teamsters no son "la basura que ha ingresado a otras organizaciones", afirmó Daniel J. Tobin, presidente nacional del sindicato.

El sindicato Teamsters se había fundado en 1903, en una época cuando los productos comerciales eran transportados *dentro* de una ciudad por trabajadores que conducían tiros de caballos (en inglés, *team* es un tiro de caballos y *teamster* es un trabajador que lo conduce). El ferrocarril era el principal medio de transporte *entre* las ciudades. A principios del siglo 20 fue surgiendo el transporte motorizado, pero prácticamente no se intentaba sindicalizar a los camioneros interurbanos.

Con una perspectiva de lucha de clases, la dirección del Local 574 (luego 544), a fin de fortalecer el sindicato, se dedicó a organizar no solo a los choferes que eran empleados de flotas de camiones, sino a sus aliados. Sindicalizaron a los choferes que eran dueños de su propio camión, al creciente número de trabajadores desempleados y a los taxistas, entre otros. Al inicio de la Gran Depresión, los choferes de taxi en Minneapolis estaban entre los trabajadores con los ingresos más bajos y las horas más largas. Su salario máximo era ocho dólares por una semana de 84 horas (equivalente a $1.80 la hora en dólares de 2018).

A continuación, Dobbs relata, en las páginas de *Rebelión Teamster*, cómo los taxistas de Minneapolis lucharon y ganaron un sindicato.

En Minneapolis se había formado un Consejo Unido de Teamsters. Este incorporaba a distintos locales de distribuidores de hielo, choferes encargados de las rutas lecheras, vendedores de té y café, choferes de camiones del gobierno municipal y choferes de cargas generales. Había también un sindicato local de taxistas, con un puñado de miembros que conducían taxis particulares. En 1933 los miembros de estos locales sumaban menos de mil, y los Teamsters no habían ganado una sola huelga en una veintena de años.

El Local 574 fue constituido oficialmente como local "general" alrededor de 1915. Si bien esa denominación significaba que el 574 podía aceptar a miembros que no estuvieran específicamente dentro de la jurisdicción de otro local de la IBT, la idea no era que el sindicato abarcara a todos los choferes. Si el Local 574 llegaba a tener un número

"Un sindicato industrial de todos los choferes".

El paro camionero más sólido; se suman taxistas

THE MINNEAPOLIS STAR

TRUCK STRIKE IS TIGHTENED; TAXI DRIVERS JOIN WALKOUT

Cuando los Teamsters se aprestaron para una huelga en mayo de 1934, los choferes de Yellow Cab consideraron afiliarse al sindicato. "Piquetes móviles notificaron a todos los taxistas que esa noche habría una asamblea en la sede de la huelga", dice Dobbs. "Votaron a favor de una huelga. En cuestión de horas, no había un solo taxi en circulación".

Derecha: Los taxistas plantearon sus demandas: reconocer el sindicato, aumentar salarios, reducir horas, mejores condiciones.

> **Taxi Drivers' Demands**
> Leaders of the taxi drivers estimated 350 men were on strike. Their demands include: 40 per cent commission with no charges for gasoline, oil or mechanical work; union recognition; no discharge because of low earnings; no loss of commissions because of shortages; holding of hearings before any man is discharged on account of an accident; a garage steward for each garage to pass approval on drivers going on the street, this steward to enforce closed shop regulations; no "single shift" on any cab, which permits men to work as much as 18 hours a day; a six-day week and only one shift per day for each man; no discharge of employes or discrimination because of union activities.

Arriba: Inspector de la WPA acosa a dueño de camión, buscando "infracciones de seguridad", cerca de Minneapolis, abril 1936. El sindicato Teamsters ayudó a los dueños-choferes a obtener trabajo en proyectos de la WPA y los defendió de ataques de jefes y burócratas.

suficiente de miembros de un oficio determinado, estos debían reorganizarse como local propio. No obstante, ese problema no había surgido en la práctica porque el Local 574 no prosperaba. Antes del otoño de 1933, contaba con apenas 75 miembros…

[Mientras el Local 574 estaba finalizando sus preparativos para la huelga camionera municipal de mayo de 1934] se propagó rápidamente una discusión entre los choferes de la flotilla de taxis de la empresa Yellow Cab sobre la idea de afiliarse al Local 574.

El patrón, al enterarse, trató de crear un sindicato amarillo y los choferes reaccionaron airados. Al segundo día del paro del Local 574, enviaron una delegación al comité de huelga, pidiendo participar en la lucha de los choferes y demás trabajadores…

Se enviaron piquetes móviles para notificar a todos los taxistas que esa noche habría una asamblea en la sede de la huelga. Una vez congregados, votaron a favor de salir en huelga y en cuestión de horas no se podía encontrar un solo taxi en circulación.

Como demostraba gráficamente este episodio, el Local 574 se había convertido en una fuerza que había que tener en cuenta. No circulaba vehículo alguno sin permiso del sindicato…

La principal empresa de taxis, la Yellow Cab Company, estaba actuando independientemente de los patrones del camionaje. Después del acuerdo con las empresas del transporte, la Yellow Cab comenzó negociaciones serias con el sindicato y el 4 de junio se firmó un convenio de un año.

Se lograron importantes aumentos salariales y los trabajadores comenzaron a establecer el control sindical en el trabajo. Poco después, el sindicato empezó a abarcar a otros trabajadores de taxis, entre ellos los empleados de bases de taxis, operadores telefónicos, trabajadores de garajes, maleteros y ayudantes. Los taxistas independientes obtuvieron un acuerdo similar.

Después de lograrse el acuerdo, una asamblea de todos los taxistas de la ciudad votó casi por unanimidad a favor de permanecer afiliados al Local 574.

'Valentía, disciplina y un plan de batalla'

JACK BARNES

A continuación se reproduce la introducción, fechada en diciembre de 2003, a *Rebelión Teamster,* traducción al español del primero de cuatro tomos de Farrell Dobbs sobre el sindicato Teamsters. Esta introducción también se incluyó en la edición de 2004 del libro en inglés.

Jack Barnes comienza con un episodio de la huelga de los mineros del carbón que luchaban para sindicalizar la mina Co-Op cerca de Huntington, Utah. La huelga comenzó a fines de septiembre de 2003, y los mineros ganaron solidaridad de otros trabajadores y sindicalistas por toda Norteamérica y otras partes del mundo. Fue la batalla obrera más importante en Estados Unidos en esa época. En diciembre de 2004, unos días antes de las elecciones para la representación sindical, por las cuales los obreros habían luchado, los dueños de la mina despidieron a la gran mayoría de los trabajadores inmigrantes en Co-Op por no contar con números "válidos" del Seguro Social.

La huelga de la Co-Op planteó más claramente que nunca

las posibilidades y la necesidad de sindicalizar las minas de carbón en toda la región occidental de Estados Unidos, y de echar atrás la campaña antisindical de los grandes dueños de minas de carbón en la región oriental. Para ganar esas batallas, también hace falta una lucha por la amnistía para millones de trabajadores inmigrantes.

Era el turno de medianoche en la línea de piquete cerca de la entrada a la mina de carbón de la Co-Op, en las afueras de Huntington, Utah. A mediados de octubre las noches ya son frías en la sierra. Las heladas ráfagas de viento que soplan por el cañón Bear Creek calan hasta los huesos.

Los trabajadores, que enfrentaban un cierre patronal, habían atado su caseta de piquetes, hecha de madera y con un toldo azul, para que no saliera volando. Adentro, siete u ocho mineros —la mayoría de veintitantos años, más un par de veteranos, entre ellos una mujer y un veterano de 50 y pico de años, casi todos oriundos del estado mexicano de Sinaloa— se arrimaban a la estufa, donada por un minero sindicalizado jubilado del vecino pueblo de East Carbon.

Un mes antes, la compañía había despedido a 74 mineros por protestar contra la suspensión de un compañero de trabajo y partidario del sindicato, quien había rehusado firmar una advertencia disciplinaria. La gerencia, en su intento de aplastar la lucha de los mineros para organizarse y lograr el reconocimiento del Sindicato Unido de Mineros de América (United Mine Workers of America, UMWA), les había impuesto un cierre patronal.

Uno de los mineros en la caseta de piquetes era un inmigrante nicaragüense que trabajaba en la mina Deserado en el oeste de Colorado, a unas horas de distancia. Por medio del sindicato, él había obtenido licencia de su trabajo para

TAMAR ROSENFELD/MILITANTE

Los dueños de la mina Co-Op, en un intento de aplastar la lucha de los mineros para que la empresa reconociera el sindicato UMWA, impusieron un cierre patronal.

Huntington, Utah, octubre de 2004. Mineros en huelga marchan con simpatizantes durante lucha de 10 meses para sindicalizar la mina de carbón.

ir a ayudar. Antes de salir de casa, había echado en su bolsillo un ejemplar gastado de *Teamster Rebellion* (edición original en inglés de *Rebelión Teamster*), la historia de una reñida y sangrienta batalla de sindicalización librada hace casi 70 años en Minnesota por trabajadores, muchos de los cuales eran de origen escandinavo —suecos, noruegos, finlandeses o daneses— con una buena dosis de irlandeses. El autor, Farrell Dobbs, cuyos antepasados provenían de Irlanda, había sido el dirigente más joven de esa huelga. Como tantos otros que enfrentaban las condiciones de la Depresión a principios de los años 30, Farrell había estado luchando por encontrar trabajo estable, alimentar a su familia y pagar el alquiler.

El minero nicaragüense, Francisco, empezó a leer en voz alta las primeras páginas, traduciendo a la vista al español. Los párrafos describían las condiciones de trabajo y de vida y los salarios en el Medio Oeste durante lo más profundo de la Depresión. Entre expresiones de asombro y simpatía, los huelguistas pidieron que él leyera más de esa historia, y pronto estaban escuchando otros pasajes más, una página tras otra. El relato era interrumpido solo para ir a ver algún auto que de vez en cuando pasaba en altas horas de la noche, o para echar más leña al fuego y salir a vigilar los alrededores.

Ante todo, estos hombres y mujeres de Sinaloa, que trataban de hacer su vida en las sierras de Utah, se identificaban con las luchas individuales de los hombres y las mujeres de *Rebelión Teamster*. La descripción que hace Dobbs en las primeras páginas —de cómo su familia perdió toda la reserva invernal de verduras y frutas enlatadas, una noche que la temperatura se desplomó por debajo de cero y ellos no llegaron a tiempo para poder guardar las latas dentro de la casa— suscitó expresiones de simpatía y comprensión de lo que ese golpe habría significado para

"Los hombres y mujeres de Sinaloa, México, que trataban de hacer su vida en las sierras de Utah, se identificaban con las luchas de los hombres y las mujeres de *Rebelión Teamster*".—Jack Barnes

TAMAR ROSENFELD/MILITANTE

Piquetes de huelga frente a mina Co-Op en Huntington, Utah, diciembre 2003, donde 100 mineros y partidarios se movilizaron en apoyo a la lucha por un sindicato.

Farrell, su esposa Marvel y sus hijas.

Las fotos de los huelguistas que batallaban con la policía y los agentes de los patrones; las fotos del enorme y disciplinado cortejo fúnebre para uno de los piquetes, acribillado a sangre fría por la policía; las fotos de los dirigentes de la huelga cuando fueron arrastrados a la cárcel por la Guardia Nacional: ellos las examinaron todas con interés. Cuando los mineros se enteraron de que, en la sede de la huelga de los Teamsters que observaban en las fotos, había un comedor donde servían comidas las 24 horas y un hospital para tratar a los heridos, el interés creció. Y al saber, por el relato de Dobbs, que los choferes se organizaron en la plaza del mercado de Minneapolis para repeler los ataques de la policía y los patrones —con valentía, disciplina y ante todo un plan de batalla detallado— y que *ganaron* la huelga para lograr el reconocimiento de su sindicato, las fotos fueron estudiadas con aún más atención.

Pocas escenas proletarias subrayan mejor el valor de publicar *Rebelión Teamster*, la primera traducción al español de *Teamster Rebellion*, unos 32 años después de que salió por primera vez en inglés.

Es posible que no hubo un solo trabajador nacido en México entre los Teamsters en huelga en Minneapolis, quienes sentaron las bases para la transformación del movimiento obrero en todo el Medio Oeste en los años 30. (¡Cómo han cambiado las cosas en unas pocas décadas!) Sin embargo, a través de los años, las nacionalidades, los idiomas y las experiencias de vida, el relato que ofrece *Rebelión Teamster* pertenece también a las filas crecientes de trabajadores de habla hispana en Estados Unidos que hoy día van sumándose a la lucha. Ellos se pueden identificar en esas generaciones anteriores de trabajadores —muchos de ellos también inmigrantes de primera o segunda ge-

"Los mineros miraron con interés las fotos de los huelguistas batallando con la policía, de los dirigentes al ser encarcelados. Cuando vieron que en la sede de la huelga había una cocina-comedor y un hospital para tratar a los heridos, el interés creció".—*Jack Barnes*

SOCIEDAD DE HISTORIA DE MINNESOTA

Minneapolis, mayo 1934. Los camioneros en huelga se organizaron con valentía, disciplina y ante todo un plan de batalla detallado para repeler a la policía y a los matones de los dueños. Ganaron su huelga por el reconocimiento del sindicato.

Arriba: En agosto de 1934, en medio de la segunda huelga, la Guardia Nacional arrestó a Ray Dunne (centro, con traje), dirigente de los Teamsters. Cuando la unión movilizó a sus piquetes y cesó negociaciones, el gobernador liberó a los detenidos.

Abajo: El comité auxiliar de mujeres organizó la cocina-comedor y el hospital para los huelguistas, y recorrió toda la región para ganar apoyo a la huelga.

neración— que al final dijeron "¡Basta!" y comenzaron a tomar su destino en sus propias manos.

~

Rebelión Teamster es un libro que se puede leer por sí solo. Cuenta una historia increíble. Al mismo tiempo es una introducción a Farrell Dobbs, el trabajador de veintitantos años que en el transcurso de esas batallas surgió como dirigente de su clase.

Tenía 25 años, con dos hijas que mantener, cuando le dio la espalda a un futuro seguro y bien remunerado en la plantilla administrativa de la empresa Western Electric en Omaha, Nebraska. Le repugnó el horror de la persona que habría tenido que ser, le repugnaron los valores y las actitudes de clase que habría tenido que asumir, si vendiera su alma para quedarse en ese trabajo. Sin volver la vista atrás, se "desprendió" incondicionalmente de clases ajenas, según lo expresa el Manifiesto Comunista, y "se sumó a la clase revolucionaria" en el sentido más pleno de la palabra. El rasgo de clase que Dobbs más llegó a despreciar fue el "miserable carácter a medias" del espíritu pequeñoburgués.

Pronto se encontró entre las filas del "gran ejército de los desempleados". Un par de años más tarde, paleando carbón en un depósito carbonero en Minneapolis, él conoció a Grant Dunne, cuadro aguerrido de la Liga Comunista de América —organización precursora del Partido Socialista de los Trabajadores— quien lo alistó en una campaña de sindicalización. A partir de ahí se desarrolla el relato en las páginas de *Rebelión Teamster* y los tomos siguientes —*Poder Teamster, Política Teamster* y *Burocracia Teamster*— así como en numerosos folletos, boletines y los dos tomos de *Revolutionary Continuity: Marxist Leadership in the U.S.* (Continuidad revolucionaria: liderazgo marxista en Estados Unidos) que Dobbs logró vivir para completar a principios de los años 80. Estos son *The Early Years, 1848–1917* (Los primeros años, 1848–1917) y *Birth of the Communist Movement, 1918–1922* (Nace el movimiento comunista, 1918–1922).

A medida que se fue despertando políticamente, Dobbs se convirtió en ciudadano del mundo, en internacionalista proletario, viviendo el presente como parte de la historia, sin lo cual no existe el comunismo. Él describió cómo le impactaron las fotos en la prensa de Omaha que mostraban la invasión de China por las fuerzas de Japón Imperial en 1931. En las fotos se veía a soldados norteamericanos apostados en Shanghai que protegían, con el visto bueno de Tokio, a la acaudalada "colonia internacional". Al mismo tiempo, con el beneplácito indiferente y racista del alto mando del ejército norteamericano, los aledaños barrios obreros chinos estaban siendo devastados, y a menudo incinerados, sus pobladores masacrados por las fuerzas imperialistas japonesas.

Al describir cómo fue creciendo su conciencia de clase, Dobbs atribuyó a las fotos noticiosas de esos sucesos una influencia parecida al impacto que le produjo otro hecho: cuando sus patrones le pidieron que aceptara el despido de un compañero de trabajo que apenas unos meses después habría de jubilarse y recibir una pensión, a fin de eliminar costos y aumentar la "productividad". En los siguientes tomos de la serie sobre los Teamsters, vemos cómo el periódico del Consejo Unido de Teamsters en Minneapolis, el *Northwest Organizer*, publicaba editoriales de primera plana que exigían el retiro de las tropas norteamericanas de Asia y el Pacífico y condenaban los preparativos del gobierno de Franklin Roosevelt para la gran matanza imperialista de la Segunda Guerra Mundial.

El joven Farrell Dobbs que vamos conociendo en las páginas de *Rebelión Teamster* llegó a ser uno de los grandes organizadores de masas de la clase trabajadora de Estados Unidos. Con apenas 30 años, fue el principal arquitecto y dirigente de la campaña que —al extenderse desde Texas hasta Detroit, Canadá y Seattle— integró a un cuarto de millón de camioneros de larga distancia a un poderoso sindicato. Esa campaña transformó la región norte-central en territorio sindicalizado, cuyo legado se siente hasta el día de hoy.

Los cuadros dirigentes del Local General de Choferes 574 (luego el Local 544 de los Teamsters) fueron el ala izquierda, con una perspectiva de lucha de clases, de un liderazgo obrero combativo mucho más amplio. Demostraron en la práctica cómo los sindicatos, si cuentan con esa clase de liderazgo, pueden y van a transformarse en instrumentos de lucha revolucionaria, capaces de dirigir a números crecientes de trabajadores, tanto empleados como desempleados, y de sus aliados —agricultores, pequeños productores devastados— hacia la independencia política frente a la clase dominante. Demostraron cómo los militantes sindicales con conciencia de clase comienzan a identificarse como parte de una clase internacional, cuyos intereses son totalmente opuestos a los intereses de los patrones y del gobierno de los patrones. Y a sentirse cómodos en la historia de la cual forman parte viviente.

Pero Dobbs sabía mejor que nadie que lo que él estaba logrando era posible únicamente porque formaba parte de los cuadros de la amplia dirección del partido comunista fundado en 1919 para hacer en Estados Unidos lo que los bolcheviques acababan de hacer en Rusia, el partido que en 1938 adoptó el nombre Partido Socialista de los Trabajadores. En 1940, con la inminencia de la Segunda Guerra Mundial, iba creciendo la reacción en la cúpula sindical y las filas sindicales estaban siendo preparadas para la guerra. Por el momento, había sido prácticamente eliminada la posibilidad de más avances políticos en los Teamsters y el movimiento sindical industrial más amplio. En enero de 1940 Dobbs renunció a su cargo como organizador general del sindicato internacional de los Teamsters. Lo hizo para pasar a ser secretario de organización y responsable del trabajo sindical de un partido cuyas filas, ante el repliegue del movimiento obrero y la capitulación de la pequeña burguesía frente a la histeria patriotera, pronto se reducirían a mucho menos de mil miembros.

Al año siguiente, la dirección de ese partido que no se doblegaba ante las presiones bélicas, junto con muchos cuadros que habían participado en los combates del Local 544, incluido el propio Dobbs, serían acusados de conspiración y sedición, declarados culpables y enviados a la cárcel por fiscales federales que por primera vez usaban la Ley Smith "de la Mordaza" que pronto se haría infame: una aplicación temprana por la clase dominante de la "*homeland security*" ("seguridad de la nación").

Fue como hombre de partido —especialmente al asumir responsabilidades como oficial nacional del Partido Socialista de los Trabajadores por casi tres décadas, la mayoría del tiempo como secretario nacional— que Dobbs hizo sus mayores aportes como dirigente. Dio un ejemplo de integridad proletaria desde la cárcel durante la Segunda Guerra Mundial. Trazó un inquebrantable rumbo comunista para los cuadros del partido, tanto en los sindicatos como en la acción política, durante la caza de brujas anticomunista de la posguerra. Animó, con palabras y con hechos, a los movimientos comunista y obrero a que se sumaran a la masiva lucha proletaria por los derechos de los negros. Ayudó a dirigir el partido para responder y hacer suya la Revolución Cubana. Colaboró en la elaboración de una política militar para el proletariado, aplicada por los jóvenes socialistas en el amplio movimiento contra

"Fue como hombre de partido, llevando responsabilidades como oficial nacional del PST por casi tres décadas, que Dobbs hizo sus mayores aportes como dirigente".—*Jack Barnes*

Arriba: Haciendo campaña en Detroit en 1948. Dobbs (al centro) se postuló cuatro veces como candidato del Partido Socialista de los Trabajadores a presidente de EEUU.

Abajo: Dobbs (camisa blanca) durante viaje a Cuba, abril 1960. En la contienda presidencial, él hizo campaña en defensa de la Revolución Cubana. Joseph Hansen, dirigente del partido y director del *Militante*, acompañó a Dobbs y escribió artículos que luego se publicaron como un folleto, *La verdad sobre Cuba*.

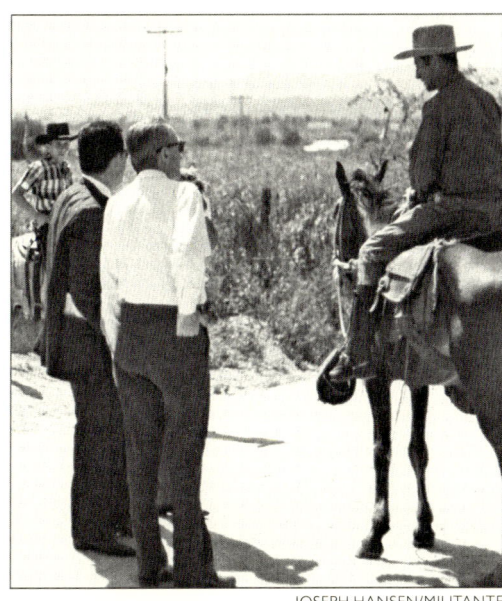

JOSEPH HANSEN/MILITANTE

la guerra del imperialismo norteamericano en Vietnam. Promovió activamente el reclutamiento de una nueva generación de cuadros que surgió de estos trascendentales acontecimientos políticos mundiales.

Dobbs ayudó a dirigir el movimiento comunista a través del repliegue y declive del movimiento obrero desde finales de los años 40 hasta mediados de los 70. No escatimó apoyo ni consejos para los cuadros más jóvenes del partido que, a finales de los 70, dirigieron un viraje a los sindicatos cuando se iban desarrollando nuevas luchas y oportunidades, comenzando especialmente en las minas del carbón y las acerías, y organizaron al partido para responder como internacionalistas proletarios a las revoluciones victoriosas en Nicaragua, Granada e Irán.

Desde la Segunda Guerra Mundial hasta Corea y Vietnam, Dobbs orientó al movimiento para acercarnos a nuestros compañeros de clase en uniforme, los soldados, los residentes de Estados Unidos que pagan el precio más alto de todos por la incesante búsqueda del dominio mundial por parte de Washington. Y ayudó a armar políticamente a los trabajadores y jóvenes comunistas para reconocer sin vacilación la necesidad inevitable de organizarse para combatir y derrotar la represión estatal intensificada, formas de régimen militar y bandas fascistas patrocinadas por los capitalistas. Ellos enfrentarían esto en tanto el orden imperialista en Estados Unidos —pasando por giros desconocidos y un lapso imposible de prever— entrara nuevamente en un período de crisis mundial comparable al período desde 1914 hasta el fin de la Segunda Guerra Mundial. "A los miembros de la guardia de defensa sindical del Local 544", afirma en su dedicatoria al tercer tomo de esta serie, *Política Teamster*.

Dobbs a menudo señalaba el aporte especial que veteranos de las fuerzas armadas han hecho al movimiento obrero. Un ejemplo de los militantes a quienes conocemos en *Rebelión Teamster* es Ray Rainbolt, uno de los organizadores de campo para los piquetes móviles durante las huelgas de 1934, y luego electo comandante de la Guardia de Defensa Sindical, que contaba con 600 miembros. El hecho de que trabajadores a mediados de los años 30 escogieran a un indio sioux para dirigirlos en combate —darles órdenes, disciplinarlos si fuera necesario— distaba mucho de ser una realidad cotidiana en este país, especialmente en la región centro-norte o el Oeste de Estados Unidos. El respeto que Rainbolt se ganó entre las filas de los trabajadores combativos es muestra de lo profundo que fueron los cambios en las actitudes políticas, la disciplina de batalla y la solidaridad humana forjados en los combates de clases narrados en los libros de Dobbs sobre los Teamsters.

~

En una charla que dio en agosto de 1966, ante un público mayormente de miembros de la Alianza de la Juventud Socialista que participaban en una Escuela de Vacación de la Costa Oeste, realizada en California, Farrell Dobbs resumió la perspectiva histórica mundial que describía la trayectoria política de su propia vida; las características de clase que son imprescindibles para todo revolucionario proletario; y lo que la clase trabajadora exige ante todo de sus dirigentes:

> Debemos estar siempre conscientes del papel clave que Estados Unidos ocupa en el mundo. El imperialismo estadounidense es hoy día el baluarte de la reacción mundial, según lo está demostrando sobradamente en la guerra en Vietnam.
>
> Es una férrea realidad que, hasta que sea derrocado el

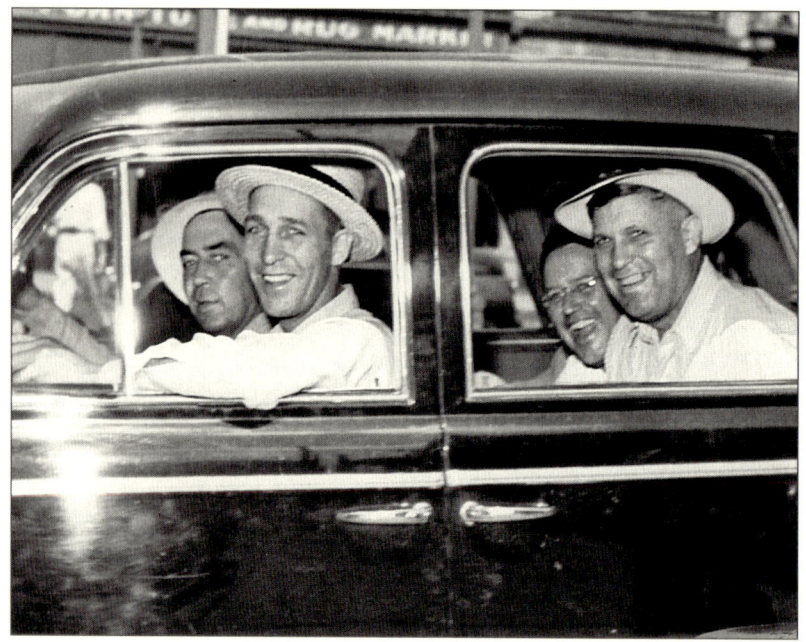

BIBLIOTECA PÚBLICA DEL CONDADO HENNEPIN

Arriba: **Ray Rainbolt (asiento trasero, con sombrero), comandante en jefe electo de la guardia de defensa, Minneapolis, 1941. Adelante están otros dos dirigentes de los Teamsters, Harry DeBoer (al volante) y V.R. Dunne.**

"El hecho de que trabajadores en los años 30 escogieran a Ray Rainbolt, un indio sioux, para dirigirlos en combate no era de ninguna manera una realidad cotidiana en este país", dice Jack Barnes. "El respeto que Rainbolt se ganó indica los profundos cambios en actitudes políticas, disciplina de batalla y solidaridad humana forjados en los combates de clases que Dobbs describe".

capitalismo aquí en Estados Unidos de América, la jauría de perros rabiosos imperialistas que gobierna este país seguirá representando un peligro mortal para toda la humanidad. Eso no lo debemos olvidar jamás.

Eso significa que la batalla decisiva por el socialismo mundial se va a librar aquí mismo en Estados Unidos de América. Y cuando se logre la victoria revolucionaria, este capitalismo caduco y decadente va a desaparecer, literalmente de la noche a la mañana, de la faz de nuestro planeta. La humanidad marchará hacia la construcción de una sociedad socialista ilustrada, donde por primera vez la gente pueda realmente convivir en este planeta en paz y seguridad y con libertad. La humanidad alcanzará finalmente el tipo de vida gratificante que la inteligencia humana es sobradamente capaz de crear, aun con el nivel actual de desarrollo tecnológico. Una vez que la humanidad aprenda a actuar en términos políticos, organizativos y sociales, podrá sacar provecho de estas maravillas.

A eso dedicamos nuestras vidas. Los que somos del partido, los revolucionarios en Estados Unidos, actuando lo mejor que podamos en solidaridad con luchadores revolucionarios en todo el mundo— debemos tener en cuenta siempre que, en última instancia, el destino de la humanidad depende de la revolución socialista en Estados Unidos. Nuestra tarea es construir un partido capaz de dirigir esa revolución, de hacerle frente al más abominable de los regímenes reaccionarios y monstruosos de las clases dominantes que existen en la faz de la tierra: la clase dominante imperialista de Estados Unidos.

En esa lucha, el camino por recorrer estará sembrado de obstáculos y habrá muchos escollos. No hay mapa de la ruta, no hay manera de hallar una guía detallada que te diga qué hacer en cada coyuntura. Nuestra tarea es trazar un camino revolucionario, basándonos en una comprensión fundamental de nuestro programa —en un concepto básico de nuestra estrategia revolucionaria— y elaborar las tácticas a medida que avanzamos. No hay un cronograma. Nadie puede decir cuánto va a tardar ni cuándo va a ocurrir. Yo personalmente creo que para ustedes, aquí presentes en esta sala, que tienen todas las ventajas de su juventud, las probabilidades de presenciar ese estallido son por lo menos como las que daba Damon Runyon: seis contra cinco.

Pero al decir eso quiero agregar inmediatamente: *no hagas de eso una condición. No adoptes el criterio de que el cambio revolucionario tiene que ocurrir durante tu propia vida.* No tomes como guía para tu vida activa ese concepto tan estrecho, provinciano y egocéntrico de que, si no ocurre durante tu propia existencia subjetiva sobre este planeta, entonces no es importante.

Siempre recuerda que la historia es exquisitamente indiferente hacia los problemas del individuo. A la historia no le importa si uno muere a los seis años o si vive hasta los 700, si eso fuera posible, ni lo que pase durante la vida de un determinado individuo. Como dijo una vez el poeta alemán Göthe, "La historia avanza como un mendigo borracho a caballo".

Puede pasar mucho durante el período limitado de tu vida, o, por el contrario, puedes vivir una existencia aburrida. Hay quienes han tenido la buena fortuna de vivir más durante un solo año que otras personas, en otra coyuntura histórica, han vivido durante toda su vida. O, como lo expresó en cierta ocasión [el fundador del primer partido marxista en Rusia, Jorge] Plejánov: "De no haber sido por la Revolución Francesa, Napoleón probablemente habría terminado como un mero cabo en la artillería francesa".

No pongas como condición que la revolución socialista tiene que llegar durante tu vida. No seas solo un ciudadano del planeta; sé un ciudadano del tiempo. Reconoce que lo fundamental es estar compenetrado con el género humano, desde los albores de la historia hasta las cimas de lo que apenas podemos empezar a soñar vagamente.

¿Y cuál es la alternativa? La alternativa es llegar a un arreglo con este podrido sistema capitalista. ¿Saben cómo es la gente que hace eso? ¿Recuerdan la película *The Devil and Daniel Webster* (El diablo y Daniel Webster)? Jabez Stone vendió su alma a Scratch, el diablo. Lo hizo a cambio de una promesa de que así se cumplirían sus ambiciones personales. Más tarde lamentó esa decisión y pidió que se le devolviera el alma. Scratch, protagonizado por Walter Huston, ese magnífico actor, finalmente dijo, bien, se la devolvería.

Entonces Scratch sacó de su bolsillo una cajita de cerillos. Abrió la caja y comenzó a hurgar con su dedo rechoncho, tratando y tratando de encontrar la pequeña alma mezquina de Jabez Stone para devolvérsela.

Eso es simbólico de lo que uno hace con su propia alma si llega a un arreglo con este podrido sistema.

Nuestra tarea es forjar un movimiento de hombres y mujeres que emulen a los aguerridos combatientes del ejército de la Línea Continental en la primera Revolución Americana. Aprendan a ser luchadores revolucionarios profesionales. No sean soldados de verano. No sean aficionados; no vacilen. No pongan nada por encima de las consideraciones del movimiento. Mantengan sus puestos en las primeras filas de los combatientes revolucionarios, y manténganse en ese puesto hasta el final.

No hay otra forma de hallar una vida tan plena, tan gratificante, tan fructífera, con tanto propósito.

⁓

Farrell Dobbs con mucho placer habría ofrecido un brindis por la traducción al español y la publicación de *Rebe-*

lión Teamster. Sobre todo le habría encantado la historia de los jóvenes mineros en lucha en Utah que escuchaban el relato, traducido a la vista página por página, durante una larga noche en su caseta de piquetes.

Eso le habría resultado muy familiar. Farrell solía explicar que en la década de 1930, cuando empezó a buscar respuestas políticas, era difícil encontrar un solo libro que ofreciera la perspectiva histórica que buscaba. Él recorrió las bibliotecas públicas en busca de algo, cualquier cosa. Y le impactaron como un relámpago los primeros libros y folletos marxistas que le dieron a leer los cuadros de la Liga Comunista de América que lo reclutaron: revolucionarios como Vincent Ray Dunne, conocido como V.R., y Carl Skoglund, apodado cariñosamente Skogie por todos sus amigos y compañeros.

En esa época era mucho más limitado el número de obras clásicas del marxismo que estaban traducidas al inglés, y las ediciones existentes eran difíciles de encontrar. Así era no solo con las obras de Carlos Marx, Federico Engels, V.I. Lenin y León Trotsky, sino con las obras de dirigentes del movimiento comunista en Estados Unidos.

Durante los frecuentes viajes de muchas horas que eran parte de la campaña de sindicalización de larga distancia, Dobbs solía estar acompañado por Skogie, síndico y luego presidente del Local 544, inmigrante "ilegal" sueco que hasta el día que murió en 1960, ¡aún tenía pendiente una orden de deportación! Skogie, uno de los dirigentes más respetados tanto del sindicato como de la Liga Comunista de América, dominaba no solo el inglés y el sueco sino el alemán, el idioma de Marx y Engels, el idioma de destacados revolucionarios como Rosa Luxemburgo y Carlos Liebknecht, el idioma político de Lenin, Trotsky y otros dirigentes de los primeros años de la Internacional Comunista.

A lo largo de las décadas Skogie había acumulado una considerable biblioteca marxista que aprovechaba muy bien. Mientras viajaban por carretera en labores de sindicalización, Skogie solía leerle en voz alta a Farrell, a veces a partir de traducciones al inglés, a veces traduciendo a vista del alemán. Así le daba acceso a obras del marxismo que Farrell tan ávidamente buscaba.

Digna celebración de esta primera edición de *Rebelión Teamster* sería la posibilidad de completar este esfuerzo — traducir los otros tres tomos de la serie sobre los Teamsters y adentrarse en la traducción de *Revolutionary Continuity: Marxist Leadership in the U.S.*— para el año 2009, el 90 aniversario de la fundación en este país del movimiento de Farrell, el movimiento comunista. [*Burocracia Teamster* se publicó en 2018, un año antes del centenario del comunismo norteamericano. —JB]

~

Rebelión Teamster no es un "manual" o una guía. Es la historia documentada de una experiencia concreta en la lucha de clases. Puede ser estudiada y asimilada por trabajadores y agricultores con conciencia de clase que se encuentran en medio de otras luchas, en otras épocas, en otras condiciones, hablando muchos idiomas diferentes.

En un nuevo siglo —marcado por inminentes catástrofes económicas y una marcha acelerada hacia guerras sangrientas, desatadas por la última potencia imperialista en sus intentos de prolongar su vida— las experiencias concretas de los hombres y las mujeres del Local 574 serán aún más vigentes y valiosas.

En un mundo donde los trabajadores y agricultores de vanguardia, y los jóvenes atraídos a sus luchas, diariamente buscan la solidaridad de otros combatientes, extendiéndoles la propia, *Rebelión Teamster* será leído en un número creciente de casetas de huelga en montañas y praderas, en medio de ciudades grandes y pueblos pequeños, y será traducido también a otros idiomas por todo el continente americano y más allá.

Rebelión Teamster está dedicado "A los hombres y a las mujeres que me infundieron una confianza inquebrantable en la clase trabajadora: las filas del Local General de Choferes 574". Es su historia, que documenta lo que fueron capaces de lograr cuando pudieron contar con la dirección que merecían.

Hoy día, los que quieran emular el compromiso y la seriedad de la vanguardia de los Teamsters de 1934 leerán el libro en anticipación de batallas tanto presentes como futuras. A través de este relato llegarán a comprender la verdad que es la esencia del Manifiesto Comunista: el comunismo no es un conjunto de ideas, sino la generalización, constantemente renovada, de la marcha estratégica de una clase que lucha por su emancipación. Y se sumarán a esa marcha, convirtiéndose en una parte más y más consciente, y más y más aguerrida, de su vanguardia.

CUARTA PARTE

Los sindicatos: su pasado, su presente y su futuro

Carlos Marx

Los sindicatos: su pasado, su presente y su futuro

CARLOS MARX

La siguiente resolución fue aprobada por el congreso de la Asociación Internacional de Trabajadores (la Primera Internacional) celebrado en septiembre de 1866 en Ginebra, Suiza. Marx la redactó en inglés como parte de un informe a los delegados presentado por el Consejo General, el organismo dirigente de la Internacional con sede en Londres.

SU PASADO

El capital es una fuerza social concentrada, mientras que el trabajador no dispone más que de su fuerza de trabajo. Por tanto, el *contrato* entre el capital y el trabajo no puede jamás establecerse sobre bases equitativas, ni siquiera en el sentido de una sociedad que coloca la propiedad de los medios materiales de vida y trabajo de un lado y la energía productiva vital del otro lado.

La única fuerza social que tienen los trabajadores es su número. Sin embargo, la fuerza numérica se ve desbaratada por la desunión. Lo que produce y perpetúa la desunión de los trabajadores es *la inevitable competencia entre ellos mismos*.

Los sindicatos nacieron originalmente de los intentos *espontáneos* de los trabajadores de eliminar o al menos limitar esa competencia, a fin de lograr condiciones en los contratos que los elevaran al menos por encima de la condición de meros esclavos. Por tanto, el objetivo inmediato de los sindicatos se limitaba a las necesidades cotidianas, a recursos provisionales para obstruir las intrusiones incesantes del capital: en una palabra, a las cuestiones de salarios y horas de trabajo. Esta actividad de los sindicatos es no solo legítima sino necesaria. Es indispensable mientras exista el actual sistema de producción. Incluso, debe generalizarse con la creación y unión de sindicatos en todos los países.

Por otra parte, los sindicatos, sin darse cuenta, se fueron convirtiendo en *centros organizadores* de la clase trabajadora, igual que las municipalidades y comunas medievales lo habían sido para la clase burguesa. Si los sindicatos son necesarios para las luchas de guerrillas entre el capital y el trabajo, son aún más importantes como *órganos para reemplazar el propio sistema de trabajo asalariado y del dominio del capital*.

SU PRESENTE

Los sindicatos, enfocados demasiado exclusivamente en las luchas inmediatas, aún no han tomado plena conciencia de su poder de acción contra el propio sistema de esclavitud asalariada. Por tanto, se han mantenido demasiado alejados de los movimientos sociales y políticos generales.

No obstante, últimamente los sindicatos parecen ha-

"Los sindicatos deben velar por los intereses de los trabajadores en los oficios peor pagados, como los obreros agrícolas, quienes han quedado impotentes por circunstancias excepcionales".—*Carlos Marx*

ERIC SIMPSON/MILITANTE

Watsonville, California, marzo 2016. Partidarios de obreros agrícolas que luchan por un sindicato en el Valle de San Quintín, México, y en el norte de California forman piquetes frente a sede de la agroempresa global Driscoll. A la derecha está Eleanor García, entonces candidata del Partido Socialista de los Trabajadores para senadora por California, quien se sumó a la lucha.

ber cobrado cierta conciencia de su gran misión histórica. Esto se puede ver, por ejemplo, con su participación en el reciente movimiento político en Inglaterra, con la visión más amplia que han asumido de su papel en Estados Unidos y con la siguiente resolución aprobada hace poco en la gran conferencia de delegados sindicales en Sheffield:*

"Que esta conferencia, valorando plenamente los esfuerzos realizados por la Asociación Internacional de Trabajadores para unir en un lazo fraterno a los trabajadores de todos los países, recomienda encarecidamente a las distintas sociedades representadas aquí que se afilien a esta asociación, con la convicción de que es esencial para el progreso y la prosperidad de toda la comunidad obrera".

SU FUTURO

Aparte de sus propósitos originales, los sindicatos ahora deben aprender a obrar conscientemente como centros organizadores de la clase trabajadora con el amplio objetivo de su *emancipación completa*. Deben apoyar a todo movimiento social y político que tienda en esa dirección.

Considerándose y obrando como defensores y representantes de toda la clase trabajadora, no pueden dejar de incorporar a sus filas a los trabajadores no sindicalizados. Deben velar atentamente por los intereses de los trabajadores en los oficios peor pagados, como los obreros agrícolas,

---

* Marx se refiere al hecho de que los sindicatos en Gran Bretaña ayudaron a encabezar la campaña para ampliar el sufragio masculino a los trabajadores, quienes estaban privados del derecho de votar. También se refiere a la participación activa de los sindicatos en Estados Unidos en la lucha por la jornada laboral de ocho horas. La conferencia de Sheffield, celebrada del 17 al 21 de julio de 1866, reunió a delegados que representaban a 200 mil trabajadores sindicalizados en Gran Bretaña.

quienes han quedado impotentes debido a circunstancias excepcionales.

Deben convencer al mundo general de que no luchan por intereses estrechos y egoístas, sino que buscan la emancipación de los millones de oprimidos.

ÍNDICE

Aborto, derecho al, 24
"Abrir los libros de cuentas". *Ver* Programa de transición, demandas del
Afganistán, 23
AFL (Federación Americana del Trabajo), 68, 94, 96
Agricultores, 23, 89, 99, 112, 139, 149
Ver también Gobierno de trabajadores y agricultores
Alemania, 12, 36, 45, 60, 87, 104, 112, 118
y judíos, 96, 112
Alianza de la Juventud Socialista, 11, 140, 143
Anarquismo y anarcosindicalismo, 29, 56–57, 61, 67–69, 71–72, 74–75
Aristocracia obrera, 31–32, 58, 61, 65, 91
Asheville, Carolina del Norte, 113
Asociación Internacional de Mecanometalúrgicos (IAM), 17, 37, 40
Asociación Internacional de Trabajadores (Primera Internacional), 12, 30–31, 153–57
Australia, 36
Austria, 87

Bancos, 28, 57–58, 89, 99
Barnes, Jack, 11, 129–150
Bear Creek, cañón (Utah), 130
Belden, George K., 114
Bolcheviques, 12, 25–26, 29–30, 74, 86, 139

Bonaparte, Luis, 59
Bonaparte, Napoleón, 59, 146
Bonapartismo, 59, 64–65
"Brexit" (Reino Unido), 25
Burocracia *Teamster* (Dobbs), 137, 149

Camisas Plateadas, 113–122
Campamento Solidaridad (huelga minera de Pittston, 1989–90), 40
Canadá, 36
Cannon, James P., 93, 97, 101
Capitalismo, 61–67, 82–89, 94, 97–101, 143–45
crisis del, 16–18, 22–23
monopolista, 57–58, 65–69
Cárdenas, Lázaro, 69
Castro, Fidel, 15
"Chalecos amarillos" (Francia), 25
China, 138
CIO (Congreso de Organizaciones Industriales) 56, 81–91, 94–95
amenazas derechistas al, 84, 96, 112–13
crecimiento del, 67, 94, 100
programa político, falta de, 82–87
Clinton, Hillary, 20, 34
Comintern. *Ver* Internacional Comunista
Comité Pro Trato Justo a Cuba, 11
Comités de fábrica, 66, 73–79, 95, 98
Ver también Control obrero de industrias
Comités de huelga, 75

Comuna de París, 71
Conciencia política y de clase, 45–47, 138–40, 143–50
Conferencia de París (agosto 1933), y nueva internacional comunista, 52, 55
"Consejo Asociado de Sindicatos Independientes", 114
Constitución (EEUU), 35
Control obrero de industrias, 69, 71, 95–96, 98–101
Co-Op, huelga en mina (2003–04, Utah), 129–34, 148
Corea, guerra de, 142
Corte Suprema, 34
Cuarta Internacional, 55–56, 66, 72–74

Democracia burguesa, 61, 72, 74–76, 110
 ilusiones en, 58, 78, 88, 97
 inestabilidad de, 59, 62, 64, 110–12
 en países coloniales y semicoloniales, 64–65
Democracia obrera, 59–61, 64, 67–68, 72
Departamento del Trabajo (EEUU), 69
"Deplorables", 20, 25, 29
Derechos democráticos, lucha por defender, 74, 83
Desastres aéreos, 22
Desempleados, trabajadores, 90, 95, 115, 137
 aliados de luchas obreras, 124, 139
 "charlatanes ultraderechistas", 112
 demanda de que capitalistas "abran sus libros de cuentas", 98–99
 demanda de reducir horas sin recortar salarios, 81–83, 87–88
 industria bélica como "solución" capitalista, 101
Deserado, mina de carbón (Colorado), 130

Deudas, esclavitud de, 23, 25
Diablo y Daniel Webster, El (película, 1941), 147
Dobbs, Farrell, 10–11, 27–29, 51–56, 110–127, 137–150
 libros de
  Rebelión Teamster, 129–149
  Poder Teamster, 137
  Política Teamster, 137, 142
  Burocracia Teamster, 149
  Revolutionary Continuity: Marxist Leadership in the US, 137, 149
Dueños-choferes (dueños de su propio camión o taxi) 20, 28, 124, 127
Dunne, Grant, 137
Dunne, Vincent Ray (V.R.), 93, 98, 148

Eastern, huelga en aerolínea (1989–91), 40
"Economismo", 45–47
Emery Mining, compañía, 39
Engels, Federico, 12, 30, 82
Enlatadoras, huelgas de obreros de (años 80), 39
Escala móvil de horas de trabajo y salarios, 82, 87
 Ver también Programa de transición, demandas del
Esclavitud asalariada, 154
Escuela de Vacación de la Costa Oeste (California), 143
Estalinismo, 15–16, 53–55, 67, 74, 96
Europa, 47, 53, 96
Expectativa de vida (EEUU), caída de, 23

Fascismo, 29, 58, 74, 88–89, 104, 110, 114
 Camisas Plateadas (Minneapolis), 110–22
 Ver también Guardia de defensa sindical

en EEUU, 83–88, 96–97, 142
Judíos, ataques contra, 112, 119
lucha contra, 96, 104–5
"Minnesota Minute Men", 114
trabajo revolucionario bajo regímenes fascistas, 58–60
Ford, Henry, 78
Francia, 25, 36, 53–54, 67, 71, 73–74, 96
Frente popular (España, Francia), 67, 96

Ginebra, Suiza, 153
Gobierno de trabajadores y agricultores, 9, 11, 74, 95, 99–101
Goethe, Johann Wolfgang von, 146
Gordon, rabino Albert I., 114
Granada, revolución en, 38
Gran Bretaña. *Ver* Reino Unido
Gran Depresión, 124, 132
Guardia de defensa sindical, 88, 96–97, 99, 103–4, 115–17
  Camisas Plateadas, 113–22
  en Minneapolis, Minnesota, 104–5, 109–22, 142–43
  Rainbolt, Ray, 117–20, 121, 143
Guerra Civil (EEUU), 15, 31, 35
Guerra Civil (España), 55, 68, 74–75
Guerra Civil (Rusia), 10

Hague, Frank, 83–85, 96, 112
Hitler, Adolfo, 52, 104
Holanda, 55, 69–70
Hormel, huelga de empacadores de carne contra (Minnesota, 1985–86), 39
Huelgas de brazos caídos (sentadas), 76, 78–79, 85
Hungría, levantamiento obrero en (1956), 15
Huston, Walter, 147

Imperialismo, 17, 58–59, 62, 65–66, 138, 143–45

Ver también Afganistán; Corea, guerra de; Iraq; Libia; Níger; Primera Guerra Mundial; Segunda Guerra Mundial; Vietnam, guerra de; Yemen
Industrias Asociadas, 114, 120
Inglaterra. *Ver* Reino Unido
Inmigrantes, trabajadores, 24, 28, 129–37, 148
Internacional Comunista, 9–10, 12, 52–55, 148
Internacional, Cuarta, 55–56, 66, 72–74
Iraq, 23
Italia, 36, 115

Japón, 36, 138
Jersey City, Nueva Jersey, 83, 96, 112
Jim Crow, segregación, *Ver* Negros, lucha por derechos de los
Jouhaux, Léon, 67
Jruschov, Nikita, 15
Judíos, 112–14, 119

La Guardia, Fiorello, 89–90
Lenin, V.I., 10, 12, 25–26, 45–47, 94, 101
Lewis, John L., 84, 95
Ley Smith "de la Mordaza", 110, 140
Liberation (periódico de los Camisas Plateadas), 113
Libia, 23
Libros, su importancia para movimiento obrero, 15–16, 24–25, 148–49
Liga Comunista (1848–52), 12
Liga Comunista de América (antecesora del PST), 94, 137, 148
Liga No Partidista del Trabajo, 95
Local General de Choferes 574. *Ver* Teamsters, sindicato, Local 574
"Los sindicatos: Su pasado, su presente y su futuro" (Marx), 30

Madison, Wisconsin, 18–19
Malcolm X, 11
Malcolm X, la liberación de los negros y el camino al poder obrero (Barnes), 13–14, 37
Manifiesto Comunista, El (Marx, Engels), 12, 30, 82, 137, 150
Marx, Carlos, 12, 30–31, 71, 82, 153–57
Marxismo, clásicos del, 148–49
Mecanometalúrgicos, Asociación Internacional de (IAM), 17, 37, 40
Medio ambiente, destrucción del, 23
Mein Kampf (Hitler), 104
"Mejor clase de personas", 32–33, 40–41
Meritocracia, 32–34, 41
México, 10, 56, 59, 69, 71, 81, 93
discusiones con Trotsky en, 81–101, 103–5
Milicias obreras. *Ver* Guardia de defensa sindical
Militant/Militante (periódico), 16, 19–20, 40, 53, 63, 81, 94
Minneapolis, Minnesota, 10, 93, 105, 109–22
Ver también Teamsters, sindicato, Local 574
Minnesota Leader (periódico del Partido de los Agricultores y Trabajadores), 114
"Minnesota Minute Men", 114
Movimiento Minoritario (Reino Unido), 67
Movimiento 26 de Julio (Cuba), 15
Mujer, emancipación de la, 16

Nazis, 96, 104, 112
Negros, lucha por derechos de los, 15–17, 24, 37–39, 140
Newport News, Virginia, huelga en astillero en (1979), 39
Nicaragua, revolución en, 38

Níger, 23
Northwest Organizer (periódico de los Teamsters de Minneapolis), 114, 120, 138
Nueva Jersey, 83, 96
Nueva Orleans, Louisiana, 112
Nueva Zelanda, 36
Nuevo Trato (administración Roosevelt), 110

Obama, Barack, 33–34, 41
Obreros de plantas papeleras, huelgas de (años 80), 39
Obreros empacadores de carne, huelga de (años 80), 39
Omaha, Nebraska, 137
Opiáceos, adicción a, 23
Oposición de Izquierda, 52, 55

Países coloniales y semicoloniales, 58–59, 62, 64–65, 66–67
Ver también México
Partido Americano del Trabajo (ALP), 89
Partido Comunista
Estados Unidos, 93–94
Ver también Partido Socialista de los Trabajadores
Francia, 53–54, 67
Reino Unido, 55
Partido Conservador (Reino Unido), 67
Partido Demócrata, 33–34, 36, 89, 95
Partido Laborista Independiente (ILP, Reino Unido), 55
Partido obrero basado en los sindicatos (*labor party*), 89–90, 94–95, 97, 101, 109, 112
Partido Obrero Socialista Revolucionario (Holanda), 55, 70
Partido Republicano, 18–19, 34, 89, 95
Partido Socialista (Francia), 53

Partido Socialista de los Trabajadores (EEUU), 10–11, 13–17, 66, 73, 93, 103, 137, 140, 145–47
    campañas electorales, 20, 23–24
    centenario del, 27
    dirigentes encarcelados por oposición a II Guerra Mundial, 11, 110, 140
    discusiones con Trotsky en México, 93–105
    fundación del, 14, 26, 94, 139
    lectura, importancia de, 15–16, 24–25, 148–49
    lucha contra segregación racial, 15
    programa de 1938, 36
    reclutamiento al, 15–16, 41, 142
    Revolución Cubana, defensa de, 15
    viraje a clase obrera industrial (mediados de años 70), 16–17, 36–37
    "Viraje de Wisconsin" (2011), 20–22
    Ver también Minneapolis, Minnesota; Sindicatos, actividad política a través de; Teamsters, sindicato, Local 574; Wisconsin, lucha para defender a empleados públicos
Pelley, William Dudley, 113, 119–20
Pittston Coal Group, 40
Plejánov, Jorge, 146
Plotkin, Abraham, 81–91
Poder Teamster (Dobbs), 137
Policía, ataques de la, 24
Política Teamster (Dobbs), 137, 142
Polonia, levantamiento obrero en (1956), 15
Primera Guerra Mundial, 14, 67
Primera Internacional (Asociación Internacional de Trabajadores), 12, 30–31, 153–57
Programa de transición, 10, 97
    demandas del
        abrir libros de cuentas, 98–100
        control obrero de industrias, 69, 71, 95, 99–101
        gobierno de trabajadores y agricultores, 89–90, 93–101
        guardia de defensa obrera, 88–89, 96–97, 99–100, 103–4
        menos horas, sin recortar salarios, 81–82, 87–89
    discusiones con Trotsky sobre, 56, 66, 93–101, 103–5
    para el partido y los sindicatos, 66, 73–76, 101

¿Qué hacer? (V.I. Lenin), 25, 45–47

Rainbolt, Ray, 117–21, 143–44
Rebelión Teamster (Dobbs), 129–50
Reconstrucción Radical, 15, 35
Reformismo, 45–47, 53, 65, 78, 95
    y los sindicatos, 53–54, 58–59, 61, 63–64, 69, 74
Reino Unido, 19, 36, 47, 52, 55, 63, 67, 156
Revolución Bolchevique, (Rusia, octubre 1917), 14, 26
Revolución Cubana, 11, 15, 140
Revolución norteamericana, 35, 147
Revolución Rusa. *Ver* Revolución Bolchevique
Revolutionary Continuity: Marxist Leadership in the US (Dobbs), 137–38, 149
Roosevelt, Franklin D., 68, 95, 110
    preparativos para II Guerra Mundial, 90, 101, 138
Rostro cambiante de la política en Estados Unidos: La política obrera y los sindicatos, El (Barnes), 13, 17
Rusia, 9, 14, 45–46, 53, 101, 139, 146

Salud y seguridad en el trabajo, 22, 39–40, 45, 89, 98, 132
Scholl, Marvel, 134

Scratch (en película *El diablo y Daniel Webster*), 147
Secretariado Nacional del Trabajo (Holanda), 55, 69, 70
Secretos comerciales y de contabilidad, 98–101
Segunda Guerra Mundial, 10, 51, 67, 100, 139–40
  oposición obrera a, 11, 109–10, 138–40
Shachtman, Max, 93, 96–97, 99
Sheffield, Reino Unido, 156
Sindicato Internacional de Obreros de Prendas de Mujer (ILGWU), 81
Sindicato Unido de Mineros de América (UMWA), 16, 37, 130
  su huelga de 110 días, 39
  huelga Pittston (Apalaches, 1989–90), 40
Sindicato Unido de Obreros del Acero de América (USWA), 16, 37, 39
Sindicato Unido de Trabajadores de Alimentos y del Comercio (UFCW), 37
Sindicato Unido de Trabajadores del Transporte (UTU), 37
Sindicatos
  aristocracia obrera, 31, 58, 61, 65, 75, 78
  en centro de la política de EEUU (años 70 y 80), 36–37, 40
  competencia entre trabajadores, 14, 153–54
  como organizaciones revolucionarias o "auxiliares del capital", 61, 63
  corrientes sectarias en, 52–56, 74, 76, 86
  cúpula sindical, 29, 31
  dueños-choferes y trabajadores independientes, organizarlos como hermanos productores, 28
  empleados públicos, 19, 36
  estalinistas en, 53, 55, 64, 67, 74
  independencia frente al estado, 28, 40, 51, 57–62, 66, 68, 76, 109, 139
  jornada de ocho horas, lucha por, 156
  "neutralidad" política, 57, 61
  origen de, 63, 153–54
  porcentaje de trabajadores sindicalizados, 36, 75
  pueblos y ciudades pequeñas, 28
  resistencia a ataques de patrones (años 70), 16
  resolución de Marx sobre (1866), 153–57
  sin "fetichismo" en torno a, 52, 56, 74
  sindicatos "rojos", 53, 74, 76
  tendencia hacia derecha de altos funcionarios (fines de años 30), 67–68
  unidad en los, 13, 52–54, 67, 86, 89, 153–54
Sindicatos, actividad social y política a través de, 38–39
  como centros de organización obrera, 13, 30, 51, 54, 124
  demandas sociales y políticas, 47, 73–74, 83, 154–57
  democracia obrera, defensa de, 56, 59–61, 68, 71–72
  guerras de Washington, oposición a, 38
  inmigrantes, defensa de, 24
  jóvenes cubanos, giras de conferencias de, 39
  negros, lucha por derechos de los, 13, 16, 24, 37–38
  partido proletario en, 47, 56, 61–62, 66, 74, 76
  pensar socialmente, actuar políticamente, 17, 28, 84
  trabajadoras, defensa de derechos de, 38

Sindicatos, países:
Alemania, 60, 87
bajo regímenes fascistas, 58–60, 65, 74, 88–89
coloniales y semicoloniales, 58–59, 62, 64–65, 69–71
España, 68, 74–75
Francia, 67, 73–74, 96
Holanda, 69–70
México, 59, 69–71
Reino Unido, 55, 63, 67, 156
Rusia, 45–46
Sindicatos "rojos", 55, 74, 76
Sioux, indio, 143
Siria, 23
Skoglund, Carl (Skogie), 148
Sneevliet, Henk, 55, 69–70
Socialdemocracia, 15
Socialdemócratas (Europa), 57, 87, 100, 104
Socialdemócratas (Rusia), 45–47
"Socialismo en un país" (Stalin), 31
Socialist Appeal (nombre adoptado por el *Militant* en 1937–41), 81
Solidaridad, y combate de clase, 13–14, 24, 140, 143, 149–50
Soviets (consejos), 25, 64, 75
St. Paul, Minnesota, 120
Stalin, José, 9–10, 15, 31
Stone, Jabez (en película *El diablo y Daniel Webster*), 147
Suicidio, tasas de, 23

Taxistas, huelga en Minneapolis (1934), 124–27
Taylor, F.L., 114
Teamsters, sindicato
en EEUU, su fundación (1903), 123
Local 574 (luego 544) en Minneapolis, 129–50
desempleados, organizar a los, 28, 124, 139
dirigentes presos por oponerse a II Guerra Mundial, 110
ejemplo para resto del país, 105, 109–10
huelgas y campaña de sindicalización (1934–41), 10, 109, 139
independencia política frente a clase dominante, 139
taxistas ganan huelga (1934), 124–27
Nueva Orleans, huelga (1938), 112
"Tierra de sobrevuelo", 35
Trabajo temporal, 23
Trade Unions in the Epoch of Imperialist Decay (libro, 1990), 31, 51
Transitional Program for Socialist Revolution, The (libro, 1977), 56, 66, 73, 93, 103
Trenes, descarrilamientos de, 22
Tribunos del pueblo, 25, 45–47
Trotsky, León,
discusiones con dirigentes del PST, 56, 66, 93–101, 103–5
libros y resoluciones de
"La agonía del capitalismo y las tareas de la Cuarta Internacional", 56
Programa de transición para la revolución socialista, El (documento, 1938), 10, 55–56, 66, 73, 93, 97, 103
Trade Unions in the Epoch of Imperialist Decay (libro, 1990), 51
Transitional Program for Socialist Revolution, The (libro, 1977), 56, 66, 73, 93, 103
Trump, Donald, 41

Unión Soviética, 10, 14
Ver también Rusia

Vanguardia de la clase trabajadora, 71, 100–101, 105, 109–10, 149–50
Ver también Teamsters, sindicato

Vietnam, guerra de, 16, 142–43
"Viraje" de Wisconsin (2011), 22
Vivienda, 23
Voto, derecho al, 24, 34–35

Walker, Scott, 18–19
Western Electric, 137
Wilberg, desastre en mina de carbón (Utah, 1984), 39–40
Wisconsin, lucha por defender a empleados públicos en, 18–19

discusiones con trabajadores por todo el estado, 20
Writings of Leon Trotsky (1933–34) y *(1937–38)*, 63, 70

Yellow Cab, empresa (Minneapolis), 125–26
Yemen, 23
Young Socialist (revista), 11

Zachary, Roy, 113–14, 120

Complementan este libro:

Malcolm X, la liberación de los negros y el camino al poder obrero
JACK BARNES

"Solo la conquista del poder estatal por la clase trabajadora y sus aliados puede crear los cimientos para un mundo basado, no en la explotación, violencia, discriminación racial y competencia a muerte, sino en una solidaridad que fomente la creatividad y el reconocimiento del valor de cada individuo, sin importar su género, su origen nacional o el color de su piel. Un mundo socialista". US$20
También en inglés, francés, persa, árabe y griego.

El rostro cambiante de la política en Estados Unidos
La política obrera y los sindicatos
JACK BARNES

En la última parte del siglo 20 mineros, obreros del acero, ferroviarios y obreros de la carne libraron batallas contra los patrones. Sus sindicatos estaban al centro de la política de EEUU.

Este libro relata cómo los trabajadores socialistas se unieron a estas luchas. Cómo participaron junto a otros trabajadores, a través de sus sindicatos, en luchas por los derechos de la mujer. Contra la segregación racial escolar. Para defender las revoluciones en Nicaragua, Granada y Cuba. Contra las guerras de Washington en el Medio Oeste. Impulsaron un curso para que los trabajadores pensaran socialmente, actuaran políticamente y usaran la fuerza sindical. US$24
También en inglés, francés, persa y griego.

DE PATHFINDER

¿Son ricos porque son inteligentes?
Clase, privilegio y aprendizaje en el capitalismo
JACK BARNES

Pone de relieve las justificaciones de las capas profesionales bien remuneradas que insisten que su formación y "brillantez" las califican para "regular" la vida de los trabajadores. Incluye "El capitalismo, la clase trabajadora y la transformación del aprendizaje". US$10. También en inglés, francés y persa.

¿Es posible una revolución socialista en Estados Unidos?
Un debate necesario entre el pueblo trabajador
MARY-ALICE WATERS

Al luchar por una sociedad que solo el pueblo trabajador puede crear, lo que descubriremos son nuestras propias capacidades. Respondemos con un rotundo "Sí" a la pregunta que se plantea aquí. Posible pero no inevitable. Eso depende de nosotros. US$10. También en inglés, francés y persa.

El historial antiobrero de los Clinton
Por qué Washington le teme al pueblo trabajador
JACK BARNES

Describe la trayectoria, impulsada por el afán de lucro, de los demócratas y republicanos, y el despertar político de los trabajadores que buscan comprender y resistir estos ataques. US$10. También en inglés, francés y persa.

WWW.PATHFINDERPRESS.COM

Las luchas de los Teamsters
FARRELL DOBBS

Desde las huelgas de 1934 que establecieron el sindicato hasta la lucha de trabajadores conscientes contra el ingreso de Washington a la Segunda Guerra Mundial.

"Estos libros no son 'manuales'. Son la historia documentada de una experiencia concreta en la lucha de clases, que puede ser asimilada y estudiada por trabajadores y agricultores que se encuentran en medio de otras luchas, en otras épocas, bajo otras condiciones, hablando idiomas distintos". —*Jack Barnes*. Cuatro tomos, US$19 cada uno. También en inglés. *Rebelión Teamster* también en francés, persa y griego.

En defensa de la clase trabajadora norteamericana
MARY-ALICE WATERS

Hillary Clinton los llama "deplorables" que habitan las regiones "retrógradas" entre Nueva York y San Francisco. Pero decenas de miles de maestros y empleados escolares en Virginia del Oeste dieron un ejemplo en 2018 con la acción sindical más potente en décadas. Y trabajadores en toda Florida se movilizaron y restauraron el derecho a votar para más de un millón de ex presos. Lucharon por la dignidad y el respeto para sí mismos y sus familias y para todo el pueblo trabajador. US$7. También en inglés.

"Son los pobres quienes enfrentan el salvajismo del sistema de 'justicia' en EEUU"
Los Cinco Cubanos hablan sobre su vida en la clase trabajadora norteamericana

Cómo la policía, las cortes y prisiones en EEUU son "una maquinaria enorme para moler personas". Cinco revolucionarios cubanos falsamente acusados y presos 16 años en EEUU explican los estragos humanos causados por la "justicia" capitalista. Y cómo se distingue Cuba socialista. US$15. También en inglés, persa y griego.

AUMENTE SU BIBLIOTECA REVOLUCIONARIA

Malcolm X habla a la juventud

"La joven generación de blancos, negros, morenos y demás: ustedes viven en tiempos de revolución", dijo Malcolm X en diciembre de 1964. "Yo me sumaré a quien sea, no me importa de qué color seas, siempre que quieras cambiar la situación miserable que existe en este mundo". US$15. También en inglés, francés, persa y griego.

El socialismo en el banquillo de los acusados

Testimonio en el juicio por sedición en Minneapolis

JAMES P. CANNON

El programa revolucionario de la clase trabajadora, tal como fue presentado en respuesta a cargos fabricados de "conspiración sediciosa" en 1941, en vísperas del ingreso de Washington a la Segunda Guerra Mundial. Los acusados eran dirigentes del movimiento obrero en Minneapolis y del Partido Socialista de los Trabajadores. US$16. También en inglés, francés y persa.

Cuba y Angola: La guerra por la libertad

HARRY VILLEGAS ("POMBO")

La historia del aporte inédito de Cuba a la lucha por liberar África del azote del apartheid. Y de cómo se fortaleció así la revolución socialista cubana. US$10. También en inglés.

WWW.PATHFINDERPRESS.COM

El socialismo y el hombre en Cuba
ERNESTO CHE GUEVARA, FIDEL CASTRO

"El hombre realmente alcanza su plena condición humana cuando produce sin la compulsión de la necesidad física de venderse como mercancía".
—*Ernesto Che Guevara*, 1965. US$15. También en inglés, francés, persa y griego.

La revolución granadina, 1979–83
Discursos de Maurice Bishop y Fidel Castro

El triunfo de la revolución en la isla caribeña de Granada en 1979 bajo la dirección de Maurice Bishop dio esperanzas a millones en el continente americano. Valiosas lecciones sobre el gobierno de trabajadores y agricultores que fue derrocado en 1983 en un golpe de estado estalinista. US$10

Puerto Rico: La independencia es una necesidad
RAFAEL CANCEL MIRANDA

Este dirigente independentista puertorriqueño, uno de los cinco encarcelados por Washington por más de 25 años, hasta 1979, habla sobre la realidad brutal del coloniaje norteamericano, el ejemplo de la revolución socialista cubana y la lucha actual por la independencia. US$6. También en inglés y persa.

La emancipación de la mujer y la lucha africana por la libertad
THOMAS SANKARA

"No existe una verdadera revolución social sin la liberación de la mujer", explica Sankara, dirigente central de la revolución de 1983–87 en Burkina Faso, en África occidental. US$8. También en inglés, francés y persa.

The Long View of History
(La visión larga de la historia)
GEORGE NOVACK

Los cambios revolucionarios son esenciales para el progreso social y cultural. Este folleto explica por qué —y cómo— la lucha del pueblo trabajador para acabar con la opresión y la explotación es una perspectiva realista. En inglés y persa. US$7

Art and Revolution
(Arte y revolución)
Escritos sobre literatura, política y cultura
LEON TROTSKY

Uno de los más destacados dirigentes revolucionarios del siglo XX examina el papel y la autonomía estética del arte, la literatura y la expresión artística en la lucha por una sociedad nueva y socialista. En inglés. US$22

WWW.PATHFINDERPRESS.COM

MÁS LECTURA

El Manifiesto Comunista
CARLOS MARX Y FEDERICO ENGELS

Explica por qué el comunismo no es un conjunto de principios preconcebidos sino la línea de marcha de la clase obrera hacia el poder, que surge de "las condiciones reales de una lucha de clases existente, de un movimiento histórico que se desarrolla ante nuestros ojos". US$5. También en inglés, francés, persa y árabe.

Revolutionary Continuity
Marxist Leadership in the United States
(Continuidad revolucionaria: Liderazgo marxista en Estados Unidos)
FARRELL DOBBS

"Generaciones de revolucionarios proletarios han participado en los movimientos de la clase trabajadora y sus aliados… Los marxistas de hoy no solo debemos rendirles homenaje por sus acciones. Tenemos el deber de aprender de lo que hicieron mal y lo que hicieron bien para no repetir sus errores". —*Farrell Dobbs*.
Dos tomos: *Los primeros años, 1848–1917; Nacimiento del movimiento comunista, 1918–1922*. US$16 cada uno. En inglés.

What is American Fascism?
(¿Qué es el fascismo americano?)
JAMES P. CANNON, JOSEPH HANSEN

Analizando los ejemplos de Frank Hague, alcalde de Jersey City; el padre Charles Coughlin; y el senador Joseph McCarthy, esta colección examina los rasgos de movimientos y demagogos fascistas en EEUU desde los años 30 hasta los 70. En inglés. US$8

La historia del trotskismo americano, 1928–38
Informe de un partícipe
JAMES P. CANNON

"El trotskismo no es un movimiento, una nueva doctrina, sino la restauración, el renacimiento del marxismo genuino tal como se expuso y se practicó en la Revolución Rusa y en los primeros días de la Internacional Comunista", dice Cannon, dirigente fundador del movimiento comunista en EEUU. US$22. También en inglés y francés.

La última lucha de Lenin
Discursos y escritos, 1922–23
V.I. LENIN

En 1922 y 1923, V.I. Lenin, dirigente central de la primera revolución socialista, libró su última batalla política, lucha que tras su muerte se perdió. Lo que estaba en juego era si esa revolución, y el movimiento comunista internacional que esta dirigía, mantendría el curso proletario que había llevado al poder a los trabajadores y campesinos en octubre de 1917. US$20. También en inglés, persa y griego.

The Transitional Program for Socialist Revolution
(El programa de transición para la revolución socialista)
LEÓN TROTSKY

"Los trabajadores comunistas se colocan en las primeras trincheras de todo tipo de luchas, incluso por los más modestos intereses materiales o derechos democráticos de la clase trabajadora. Participan activamente en los sindicatos a fin de fortalecerlos y elevar su espíritu combativo". En inglés. US$20

WWW.PATHFINDERPRESS.COM

PATHFINDER EN EL MUNDO

Visite nuestro sitio web para una lista completa de títulos
y hacer pedidos

www.pathfinderpress.com

DISTRIBUIDORES DE PATHFINDER

ESTADOS UNIDOS
(y América Latina, el Caribe y el este de Asia)

Pathfinder Books, 306 West 37th St., 13^0 piso
Nueva York, NY 10018

CANADÁ

Pathfinder Books, 7107 St. Denis, suite 204
Montreal, QC H2S 2S5

REINO UNIDO
(y Europa, África, el Medio Oriente y el sur de Asia)

Pathfinder Books, 5 Norman Rd.
Seven Sisters, London N15 4ND

AUSTRALIA
(y el sureste de Asia y Oceanía)

Pathfinder Books, Suite 22, 10 Bridge St.
Granville, Sydney, NSW 2142

NUEVA ZELANDA

Pathfinder Books, 188a Onehunga Mall Rd., Onehunga, Auckland 1061
Dirección Postal: P.O. Box 13857, Auckland 1643

**Afíliese al Club de Lectores
de Pathfinder**
para obtener un 15% de descuento
en todos los títulos de la Pathfinder
y mayores descuentos en ofertas
especiales. Inscríbase en
www.pathfinderpress.com
o a través de los distribuidores
listados arriba.
US$10 al año